KB264047

일단해

중국어 왕초보

찐샹시엔 저
김윤희 감수

동양북스

일단해 중국어 왕초보

나 혼자 20일 기초 완성

초판 1쇄 인쇄 | 2026년 1월 10일
초판 1쇄 발행 | 2026년 1월 20일

지은이 | 찐샹시엔
감수 | 김윤희
발행인 | 김태웅
기획편집 | 김상현
디자인 | 남은혜, 김지혜, 강재은
삽화 | 권석란
마케팅 총괄 | 김철영
온라인 마케팅 | 신아연
제작 | 현대순

발행처 | (주) 동양북스
등록 | 제 2014-000055호
주소 | 서울시 마포구 동교로 22길 14 (04030)
구입 문의 | 전화 (02)337-1737 팩스 (02)334-6624
내용 문의 | 전화 (02)337-1762 이메일 dymg98@naver.com

ISBN 979-11-7210-777-2   13720

| 머리말 |

중국어, 왜 초급자도 중급자도 발음과 성조가 힘들까요?

많은 분들이 중국어를 혼자 공부하다 보면 비슷한 지점에서 멈추게 됩니다. 책을 따라가기는 하는데, 말하려고 하면 입이 떨어지지 않습니다. 또한 단어를 알고 있어도 자신이 없고, 성조가 틀릴까 봐 소리 내는 것 자체가 부담이 됩니다. 그 이유는 바로 대부분의 경우 발음과 성조를 다지는 충분한 시간 없이 다음 단계로 넘어갔기 때문입니다. 중국 사람도 태어난 후에 2~3년 동안 줄곧 문장이 아닌 발음과 성조만 연습하는데, 하물며 외국인이 짧은 시간에 이 과정을 가볍게 여기고 넘어가면 얼마 지나지 않아 바로 중국어가 어렵게 느껴지기 시작합니다.

중국어의 올바른 시작, '속도'가 아니라 '방향'이 관건입니다!

중국어의 발음과 성조는 한 번 배우고 끝내는 지식이 아니라 지속적인 반복 연습을 통해 차곡차곡 쌓아야 하는 언어의 기초 체력에 해당합니다. 이 기초가 불안하면 문장이 길어질수록 말이 느려지고, 결국 듣기와 말하기 모두 다음 레벨로 성장할 수가 없습니다.

이 책은 많은 중국어 지식을 담지 않았습니다. 대신 정확한 중국어의 발음과 성조 연습에 포커스를 맞추어, 혼자서도 기본 실생활 회화 문장까지 자신 있게 말할 수 있도록 설계된 입문서입니다. 중국어 발음의 기본 요소인 운모, 성모, 성조를 나누어 각각 설명하고 모든 발음은 성조별로 듣고 쓰고 말하는 훈련이 이루어집니다. 또한 발음 과정이 끝난 후에도 매 과마다 워밍업으로 성조 연습들을 한 후에 본격적인 중국어 문장 학습이 진행됩니다. 일상생활에서 흔하게 접할 수 있는 소재로 학습 내용을 구성하였으며, 특히 '교체 연습'과 '스스로 말하는 문장 확장' 코너는 중국어를 시작하는 학습자들에게 말이 트이는 데 큰 자신감을 심어줄 것입니다.

학습자 여러분은 20일 동안 반복적인 발음과 성조 연습을 거쳐 기초 회화로 자연스럽게 연결되는 흐름을 경험하게 될 것입니다. 그리고 이 책을 마치는 순간은 공부의 끝이 아니라, 중국어 실력이 폭발적으로 성장하기 시작하는 출발점이 될 것임을 약속드리며, 『일단해 중국어 왕초보』가 여러분의 중국어 학습 여정에 든든한 길잡이가 되기를 바랍니다.

저자 찐샹시엔

차례

20일 기초 완성! 학습 구성표

단원명	표현 및 어법 포인트	학습 일	1일 학습 범위	
1 중국어 발음	· 기본 운모 · 성조 · 성모	1일	동영상	1과 본문 학습
		2일	본 책	연습 문제
			워크북	간체자 쓰기 기본 규칙
2 중국어 발음	· 결합 운모	3일	동영상	2과 본문 학습
		4일	본 책	차곡차곡 발음 연습, 연습 문제
			워크북	숫자로 익히는 간체자 쓰기 규칙
3 안녕!	· 만남의 인사 표현 · 헤어짐의 인사 표현 · 인칭대명사	5일	동영상	3과 본문 학습
		6일	본 책	차곡차곡 발음 연습, 챈트, 연습 문제
			부 록	3과 1초 완성! 중국어 문장 말하기
			워크북	03 차곡차곡 단어 쓰기 03 차곡차곡 문장 쓰기
4 고마워!	· 감사 표현과 대답 · 사과 표현과 대답 · 경성 연습	7일	동영상	4과 본문 학습
		8일	본 책	차곡차곡 발음 연습, 챈트, 연습 문제
			부 록	4과 1초 완성! 중국어 문장 말하기
			워크북	04 차곡차곡 단어 쓰기 04 차곡차곡 문장 쓰기
5 너는 이름이 뭐야?	· 이름과 국적 묻고 답하기 · 동사 술어문 · 의문대명사 shénme (什么) · 의문대명사 nǎ (哪) · 판단동사 shì (是)	9일	동영상	5과 본문 학습
		10일	본 책	차곡차곡 발음 연습, 챈트, 연습 문제
			부 록	5과 1초 완성! 중국어 문장 말하기
			워크북	05 차곡차곡 단어 쓰기 05 차곡차곡 문장 쓰기

단원명	표현 및 어법 포인트	학습 일	1일 학습 범위	
6 만나서 반가워.	• 첫 만남의 인사 • 형용사 술어문 • 지시대명사 zhè (这) • 의문대명사 shéi (谁) • 부사 yě (也)	**11일**	동영상	6과 본문 학습
		12일	본 책 차곡차곡 발음 연습, 첸트, 연습 문제 부 록 6과 1초 완성! 중국어 문장 말하기 워크북 06 차곡차곡 단어 쓰기 06 차곡차곡 문장 쓰기	
7 너는 형이 있어?	• 가족과 나이 묻고 답하기 • 동사 yǒu (有) • 의문조사 ma (吗) • 양사 gè (个) • 의문대명사 duō (多)	**13일**	동영상	7과 본문 학습
		14일	본 책 차곡차곡 발음 연습, 첸트, 연습 문제 부 록 7과 1초 완성! 중국어 문장 말하기 워크북 07 차곡차곡 단어 쓰기 07 차곡차곡 문장 쓰기	
8 오늘은 수요일이야.	• 요일과 날짜 묻고 답하기 • 명사 술어문 • 어제, 오늘, 내일 • 의문대명사 jǐ (几)	**15일**	동영상	8과 본문 학습
		16일	본 책 차곡차곡 발음 연습, 첸트, 연습 문제 부 록 8과 1초 완성! 중국어 문장 말하기 워크북 08 차곡차곡 단어 쓰기 08 차곡차곡 문장 쓰기	
9 고마워!	• 동작의 완료 le (了) • 부사 hái (还) • 부사 méi (没) • 조사 ba (吧) • 조동사 xiǎng (想)	**17일**	동영상	9과 본문 학습
		18일	본 책 차곡차곡 발음 연습, 첸트, 연습 문제 부 록 9과 1초 완성! 중국어 문장 말하기 워크북 09 차곡차곡 단어 쓰기 09 차곡차곡 문장 쓰기	
10 너 중국어 말할 줄 알아?	• 정반의문문 • 조동사 huì (会) • 수량사 yìdiǎnr (一点儿) • 부사 yǒudiǎnr (有点儿) • 접속사 kěshì (可是)	**19일**	동영상	10과 본문 학습
		20일	본 책 차곡차곡 발음 연습, 첸트, 연습 문제 부 록 10과 1초 완성! 중국어 문장 말하기 워크북 10 차곡차곡 단어 쓰기 10 차곡차곡 문장 쓰기	

원어민 발음 따라잡기

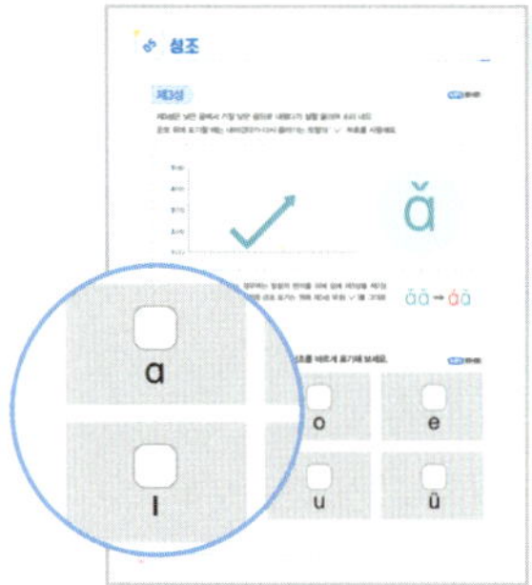

발음 POINT 1

중국어 발음 구성 요소 운모 · 성모 · 성조를 한 번에 몰아서 설명하지 않고 세부적으로 나누어서 학습합니다. 학습 후에는 듣기 연습 문제를 통해 스스로 확인할 수 있습니다.

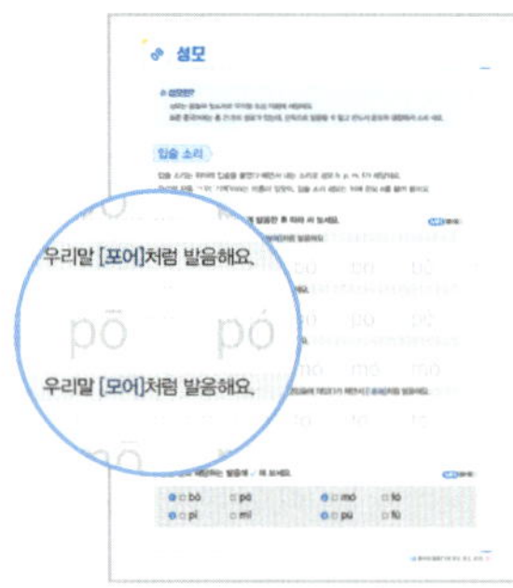

발음 POINT 2

발음을 학습한 후 앞에서 익힌 4개의 성조를 활용하여 듣고, 말하고, 쓰는 과정의 복습을 진행합니다. 발음과 성조를 동시에 연습할 수 있습니다.

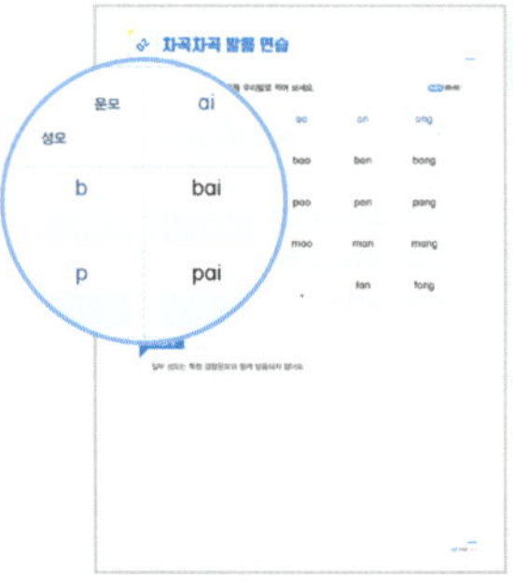

발음 POINT 3

차곡차곡 발음 연습

매 과 시작 부분에서 중국어 발음을 듣고, 직접 한글 독음으로 써 봅니다. 완벽히 이해한 발음과 이해하지 못한 발음을 체크해 볼 수 있습니다.

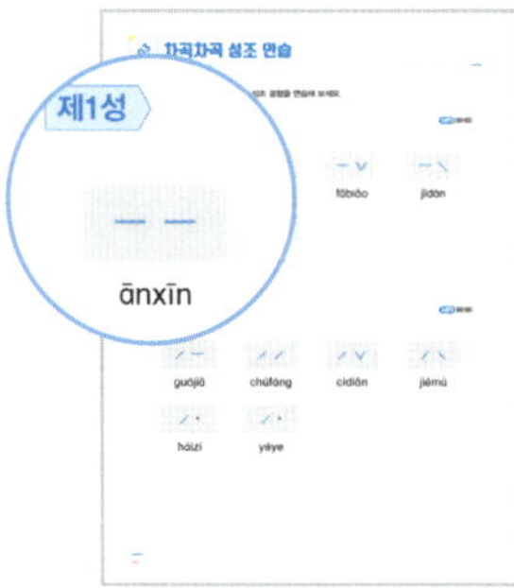

발음 POINT 4

차곡차곡 성조 연습

매 과 시작 부분에서 중국어의 4개 성조와 경성이 들어간 단어들을 활용하여 다양한 성조 결합을 연습합니다. 반복적인 성조 연습은 중국어 말하기의 자신감을 키워 줍니다.

단계별 체계적 학습 구성

① 복습

문제를 통해 앞 과의
학습 내용을 점검합니다.

② 단어

이번 과에서 학습할
주요 단어의 발음과 뜻을
먼저 익힙니다.

③ 회화

제시된 상황의 기초 회화를
듣고, 말하고 해석해 봅니다.

④ 회화 해설

대화문의 정확한 의미를
확인하고, 문장 속 단어의
활용을 익힙니다.

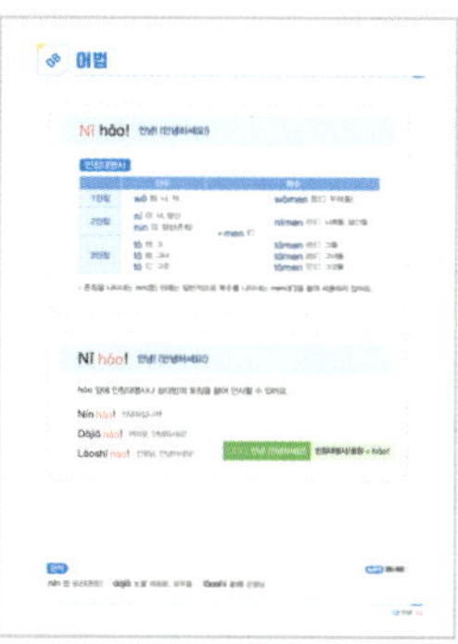

⑤ 어법

대화문에 사용된 어법들을
쉽고 자세한 설명과 예문을
통해 익힙니다.

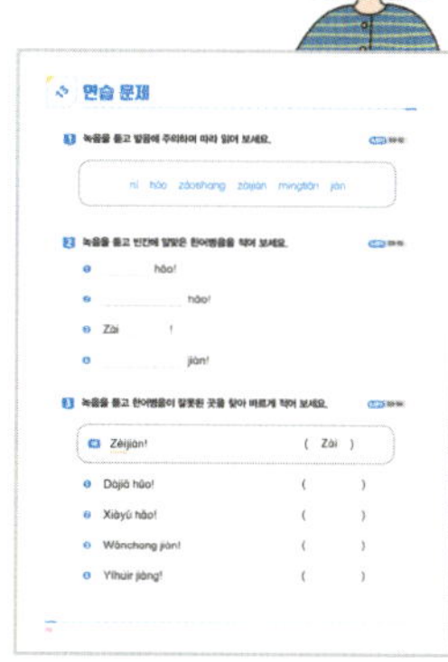

⑥ 연습 문제

다양한 형식의 문제를 통해
해당 과의 학습 내용을 최종
확인합니다.

말하기 집중 강화

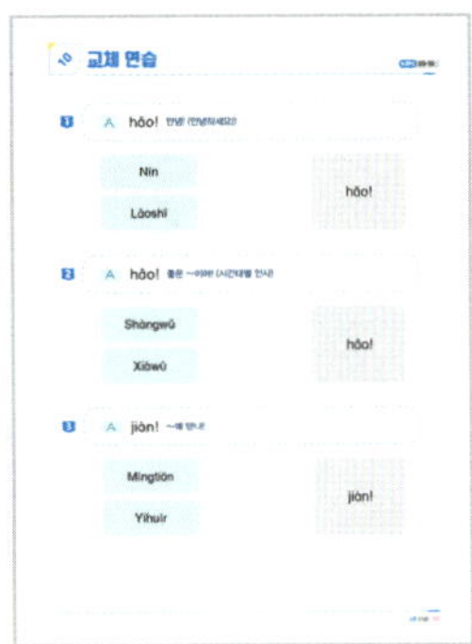

교체 연습

본문의 주요 문장 형식에
추가 단어를 넣어 체환
연습을 합니다.

첸트

주요 문장을 반주에 맞추어
따라 부르며 말하기
연습을 합니다.

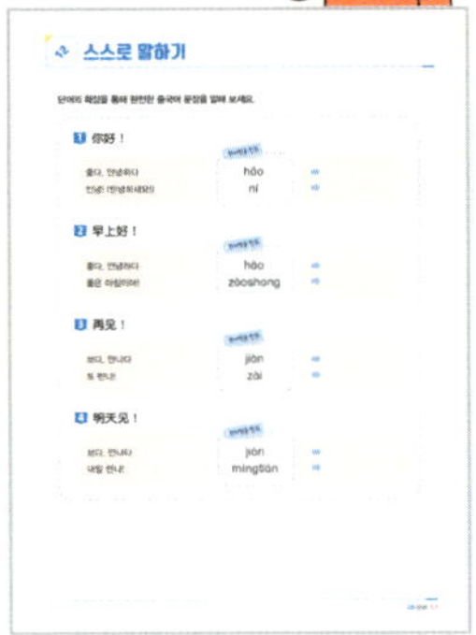

스스로 말하기

단어의 확장을 통해 완전한
중국어 문장을 말할 수
있습니다.

특별 부록

1초 완성! 중국어 문장 말하기

매 과마다 학습한 문장들을 우리말 뜻을 보
고 1초 만에 중국어로 말해 봅니다. 어려운
문장은 체크 후 페이지를 넘겨 정답 확인
및 원어민 MP3을 들으며 복습합니다.

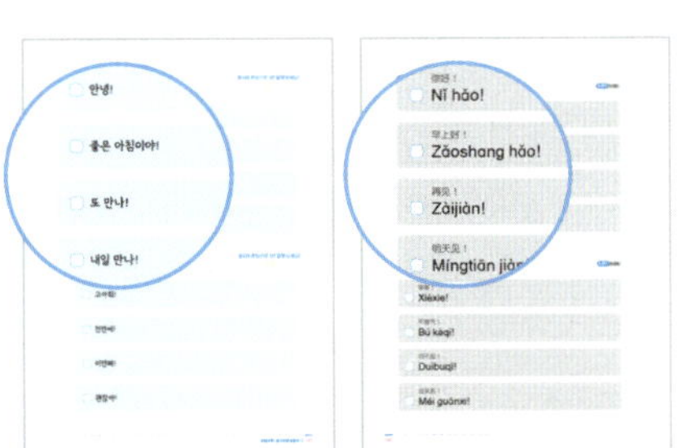

한눈에 정리하는 한어병음표

중국어 전체 발음을 한눈에 확인할 수
있습니다. 자신이 발음할 수 있는 영역을
표시해 보고, 어려운 발음은 원어민 MP3를
들으면서 다시 연습할 수 있습니다.

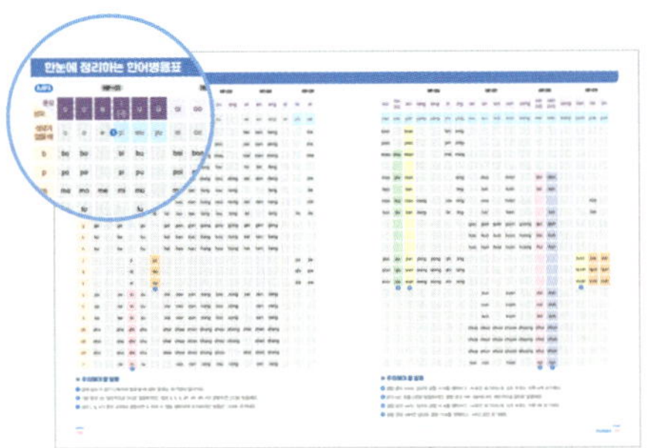

차곡차곡 간체자 쓰기

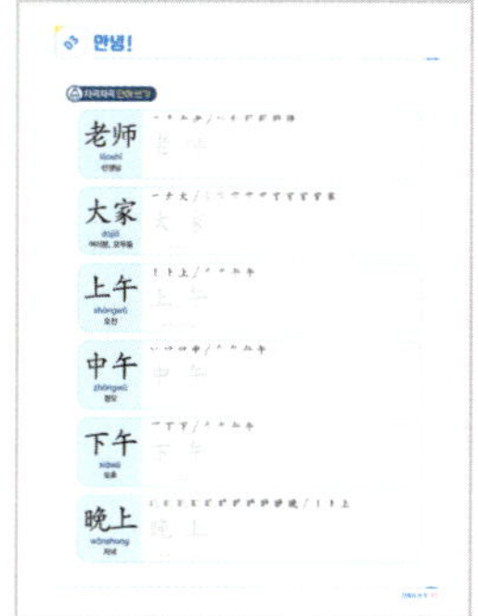 

본 책에서 부족한 한자 학습을 레벨업 워크북의 '차곡차곡 간체자 쓰기'를 통해서 보충할 수 있습니다. 해당 과의 주요 한자 획순과 모양을 익히며, 간체자 쓰기 연습과 단어 암기가 동시에 가능합니다.

듣고 쓰며 익히는 HSK 1급 단어 150

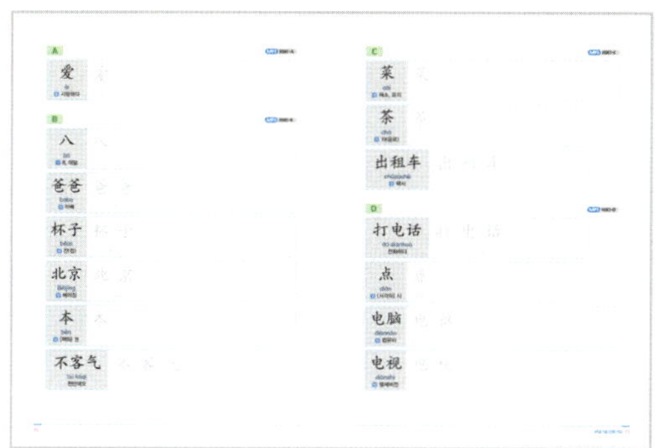

HSK 1급 상용단어 150개 중 본책에서 학습한 단어를 제외한 모든 단어를 수록했습니다. QR 코드 스캔을 통해 단어의 정확한 발음을 들을 수 있고, 한자와 병음 또는 뜻을 함께 쓰면서 단어를 암기할 수 있습니다.

도전 어학 자격증 취득! HSK 1급 맛보기

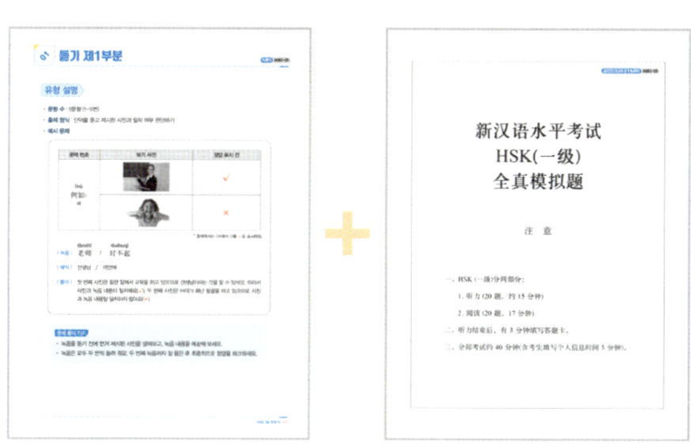

**HSK 1급 전체 유형 설명 &
1회분 실전 모의고사 풀이 (PDF 해설집 제공)**

중국어능력시험(HSK) 1급에 도전해 보세요! 듣기, 독해 파트별 출제 유형을 익힌 후 실전 모의고사로 풀이로 시험 준비가 가능합니다.

★ 회화 문장에 우리말 발음을 병기하지 않았습니다.

우리말 발음으로 정확한 중국어의 발음을 표현하는 것은 불가능합니다. 중국어를 배우기 시작할 때 우리말 발음이 있으면 조금 더 빠르게 학습할 수 있지만, 결국 잘못된 발음으로 굳혀져 나중에는 바르게 교정하기가 매우 힘듭니다. 조금 느리더라도 **실제 원어민의 발음에 익숙해질 때까지 반복해 들으면서 따라 하는 학습법을 추천**해 드립니다.

★ 외국어는 배우는 것 보다 스스로 익히는 과정이 더 중요합니다.

우리가 흔히 말하는 '학습(學習)'은 '배울 학(學)'과 '익힐 습(習)'이 더해진 단어입니다. 제공되는 강의에만 의지한다면, 배우는 것에서 끝나게 됩니다. 반드시 배운 내용을 스스로 듣고 쓰고 말하여 복습하는 과정을 거쳐야 오롯이 자신의 실력으로 남게 됩니다. **본책의 부록(1초 완성! 중국어 문장 말하기)과 레벨업 워크북(차곡차곡 간체자 쓰기)을 통해 중국어 듣기, 말하기, 쓰기 능력을 종합적으로 향상**시켜 보세요.

★ 올인원 QR페이지를 활용하면 학습의 편의성이 향상됩니다.

▷ 온라인 학습 동영상 재생
▷ 원어민 MP3 음원 청취 및 다운로드
▷ HSK 1급 모의고사 해설 확인(PDF)

＊ 동양북스 홈페이지(www.dongyangbooks.com)의 [도서자료실]에서도 도서명 검색을 통해 무료 MP3 파일 다운로드가 가능합니다.

🎵 등장인물 소개

박정현 Piáo Zhēnxuàn	리하이 Lǐ Hǎi	왕팅팅 Wáng Tíngting

한국인	중국인	중국인(리하이의 친구)

1

중국어 발음

기본 운모, 성조, 성모

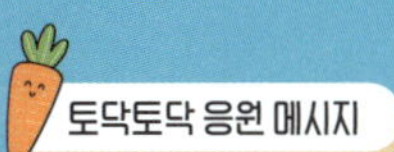

시작이 반이에요!
처음에는 서툴러도 괜찮아요, 누구나 그래요. 한
글자, 한 문장 차근차근 쌓다 보면 어느새 중국어
가 친구처럼 느껴지는 순간이 올 거예요. 중국어를
시작한 당신의 용기를 응원할게요!

kāishǐ 开始 시작하다

중국어 기본 상식

보통화

중국은 한족(汉族 Hànzú)과 그외 55개의 소수민족으로 이루어진 다민족 국가예요. 중국어를 뜻하는 한어(汉语 Hànyǔ)는 중국 인구의 약 91%를 차지하는 한족이 쓰는 언어임을 나타내요. 땅이 무척 넓은 중국은 다양한 사투리가 있는데, 우리가 학습할 중국어는 보통화(普通话 pǔtōnghuà)라고 하는 표준 중국어예요.

중국어 표기

중국에서는 글자를 한자로 표기해요. 예전에는 획순이 복잡한 번체자(繁体字 fántǐzì)를 사용했지만, 현재는 획순을 줄이고 모양을 간단하게 바꾼 간체자(简体字 jiǎntǐzì)를 사용해요. 간체자는 다른 이름으로 간화자(简化字 jiǎnhuàzì)라고도 불려요.

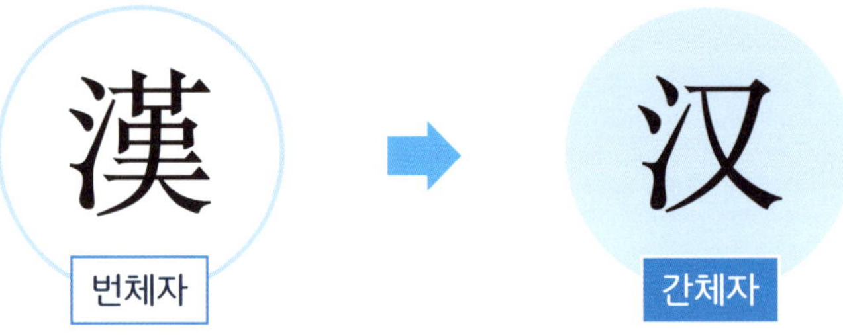

한어병음

한자는 뜻글자로 발음이 표기되지 않기 때문에 로마자 발음 기호를 사용하는데, 이것을 한어병음(汉语拼音 Hànyǔ Pīnyīn)이라고 해요. 한어병음은 성조, 성모, 운모 세 가지 요소로 이루어져 있어요.

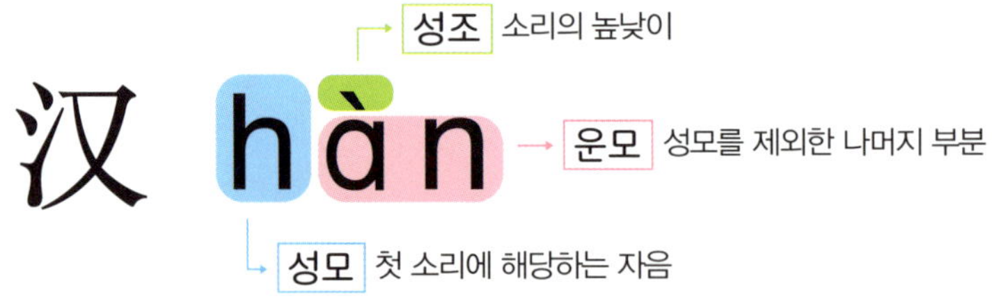

기본 운모

☆ 기본 운모란?

운모는 우리말의 모음 또는 모음과 받침이 합쳐진 형태에 해당해요.

표준 중국어에는 총 36개의 운모가 있는데, 그중 단독으로 사용되는 기본 운모는 아래와 같이 6개가 있어요.

녹음을 들으면서 정확하게 발음한 후 따라 써 보세요. `MP3 01-01`

a	우리말 [아]처럼 발음해요.
	a a

o	우리말 '오' 입모양에서 입을 살짝 벌리며 [오어]하고 발음해요.
	o o

e	우리말 '으' 입모양에서 입을 살짝 벌리며 [으어]하고 발음해요.
	e e

i	우리말 [이]처럼 발음해요. 성모가 없이 단독 사용 시 [yi]로 표기해요.
	i yi

u	우리말 [우]처럼 발음해요. 성모 없이 단독 사용 시 [wu]로 표기해요.
	u wu

ü	우리말 '우' 입모양에서 [위]하고 발음해요. 성모 없이 단독 사용 시 [yu]로 표기해요.
	ü yu

녹음을 듣고 해당하는 발음에 ✓ 해 보세요. `MP3 01-02`

❶ ☐ a   ☐ u(wu)   **❷** ☐ e   ☐ o

❸ ☐ i(yi)   ☐ e   **❹** ☐ u(wu)   ☐ ü(yu)

성조

☆ **성조란?**

성조는 소리의 높낮이를 나타내는데 표준 중국어에는 4개의 성조와 경성이 있어요.

성조 부호는 항상 운모 위에 표기해요.

제1성   MP3 01-03

제1성은 '솔' 정도의 높은 음으로 처음부터 끝까지 같은 음높이를 유지해서 소리 내요.

운모 위에 표기할 때는 가로로 긴 모양의 ' — ' 부호를 사용해요.

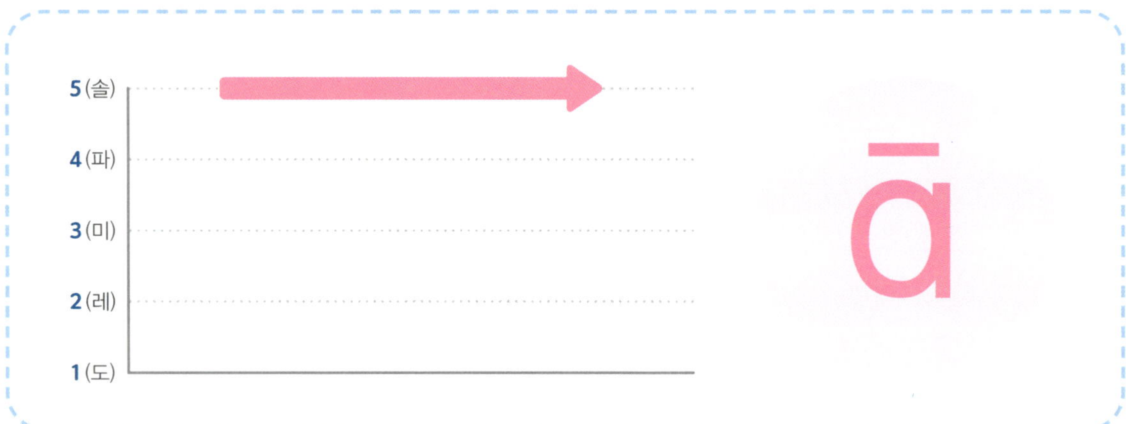

녹음을 따라 제1성의 높낮이를 연습한 후 성조를 바르게 표기해 보세요.   MP3 01-04

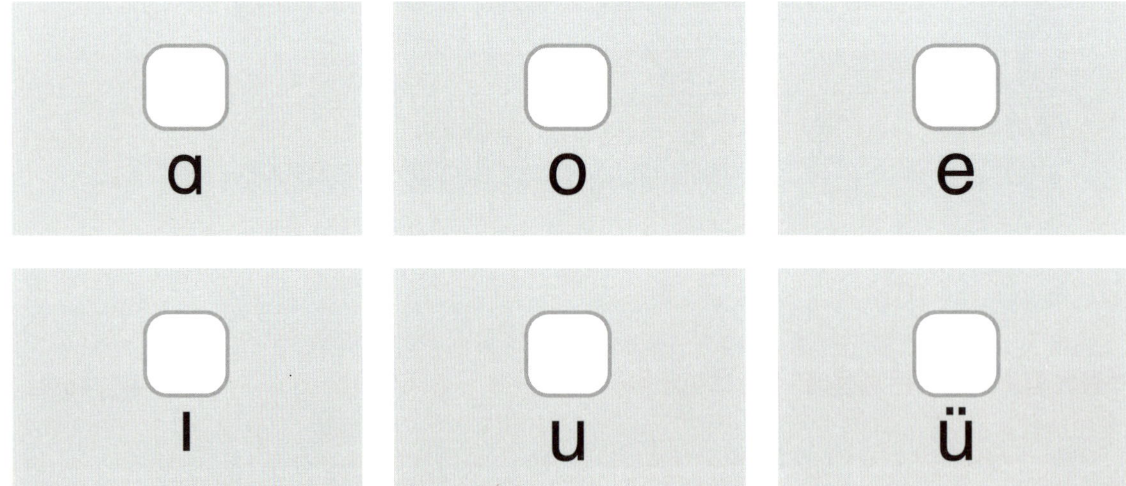

TIP 운모 i에 성조를 표기할 때는 i 위에 점을 생략해요.

제2성 MP3 01-05

제2성은 중간 음에서 높은 음까지 끌어올리며 소리 내요.

운모 위에 표기할 때는 왼쪽에서 오른쪽으로 올라가는 모양의 ' ╱ ' 부호를 사용해요.

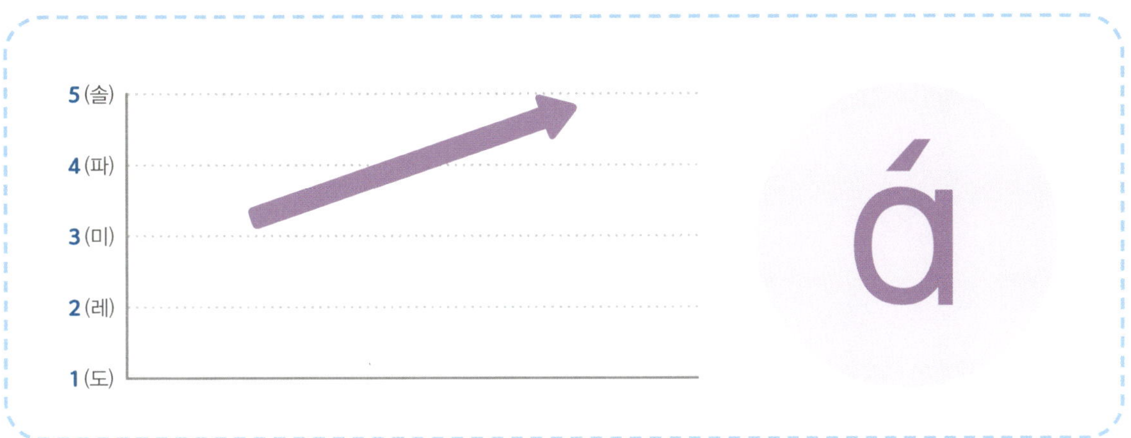

녹음을 따라 제2성의 높낮이를 연습한 후 성조를 바르게 표기해 보세요. MP3 01-06

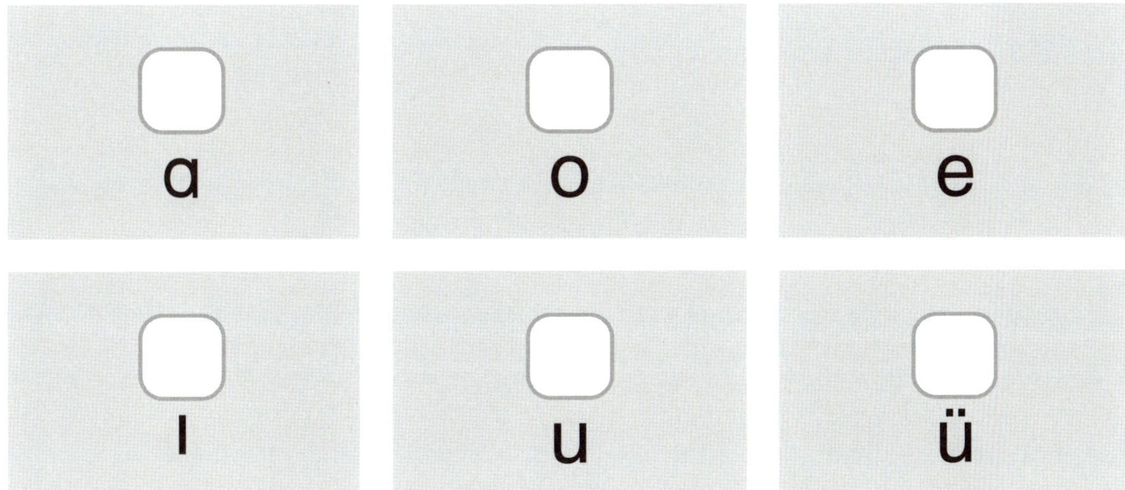

제3성

MP3 01-07

제3성은 낮은 음에서 가장 낮은 음으로 내렸다가 살짝 올리며 소리 내요.
운모 위에 표기할 때는 내려갔다가 다시 올라가는 모양의 ' ∨ ' 부호를 사용해요.

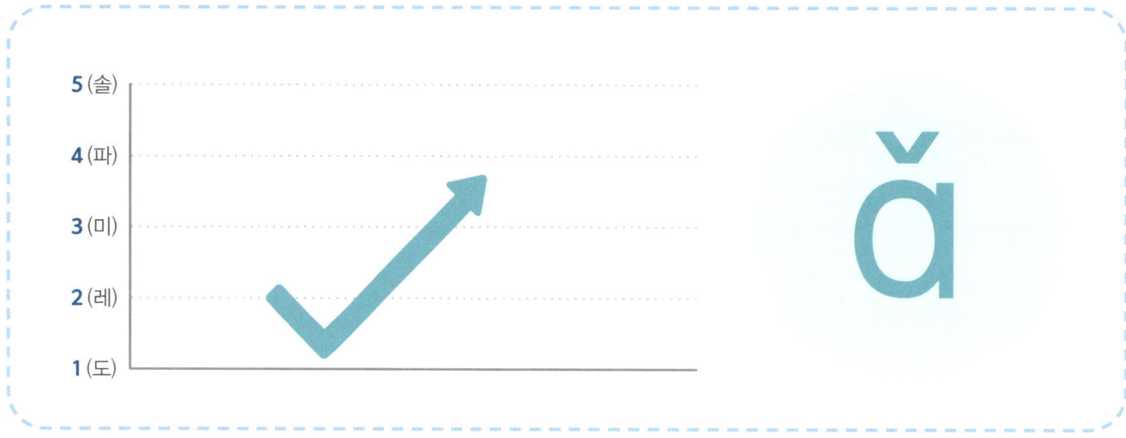

TIP 제3성이 연이어 나오는 경우에는 발음의 편의를 위해 앞에 제3성을 제2성
으로 바꿔 발음해야 해요. 이때 성조 표기는 원래 제3성 부호(∨)를 그대로
유지해요.

녹음을 따라 제3성의 높낮이를 연습한 후 성조를 바르게 표기해 보세요.

MP3 01-08

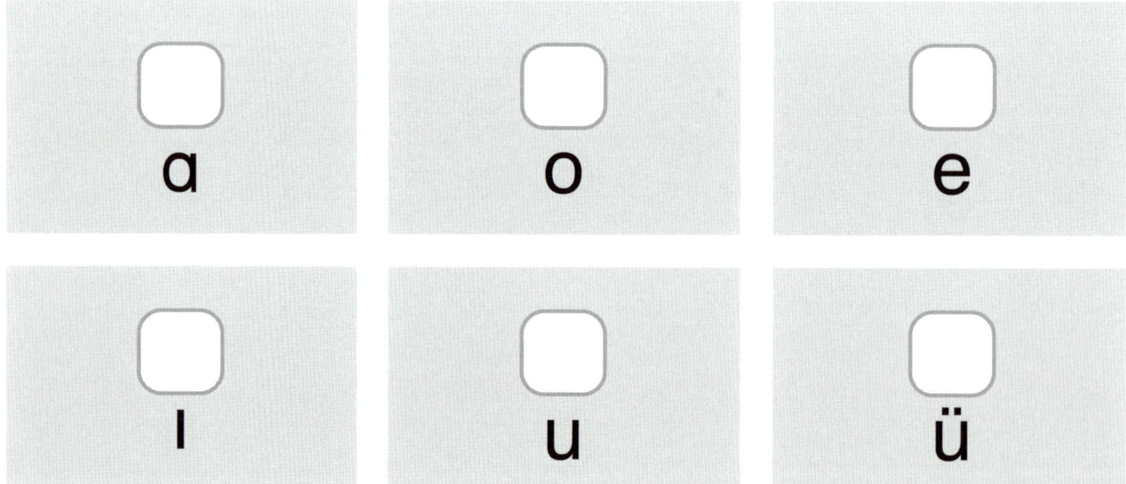

성조

제4성 MP3 01-09

제4성은 높은 음에서 낮은 음으로 뚝 떨어지며 강하게 소리 내요.

운모 위에 표기할 때는 왼쪽에서 오른쪽으로 내려가는 모양의 ' ＼ ' 부호를 사용해요.

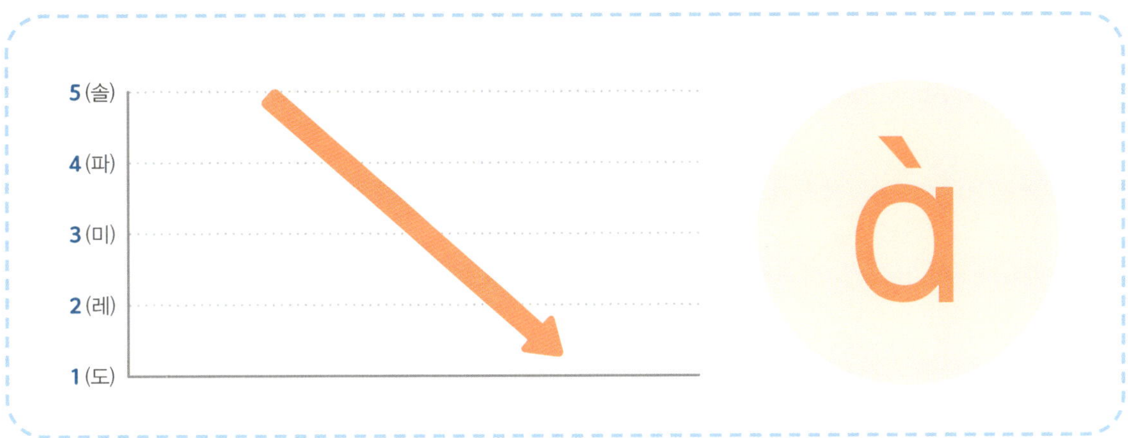

녹음을 따라 제4성의 높낮이를 연습한 후 성조를 바르게 표기해 보세요. MP3 01-10

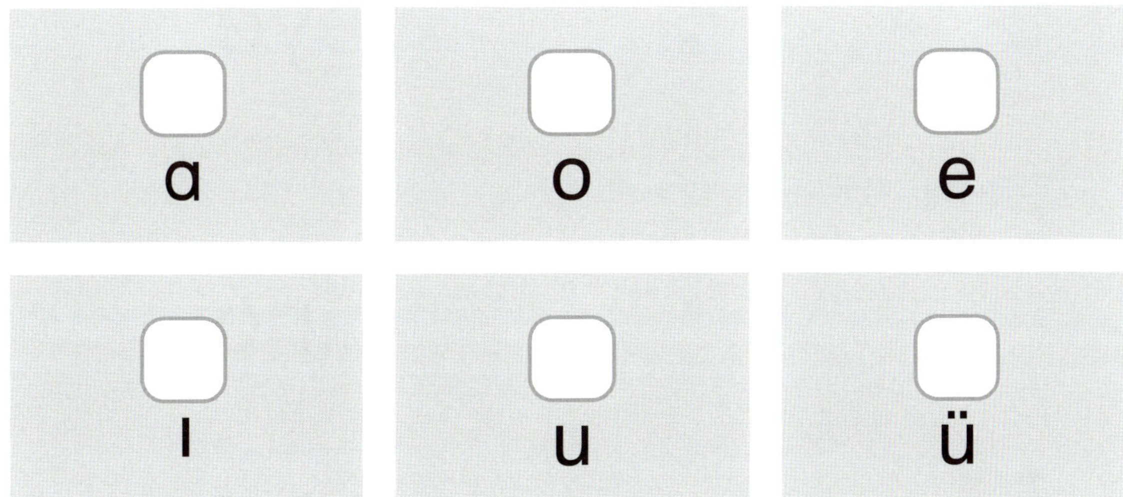

07 성조

경성

MP3 01-11

경성은 본래의 성조를 잃고 짧고 가볍게 소리 내요. 따로 성조 표기를 하지 않으며, 앞 음절의 성조에 따라 음높이가 달라져요.

제4성 + 경성: 경성의 음높이가 가장 낮아요.

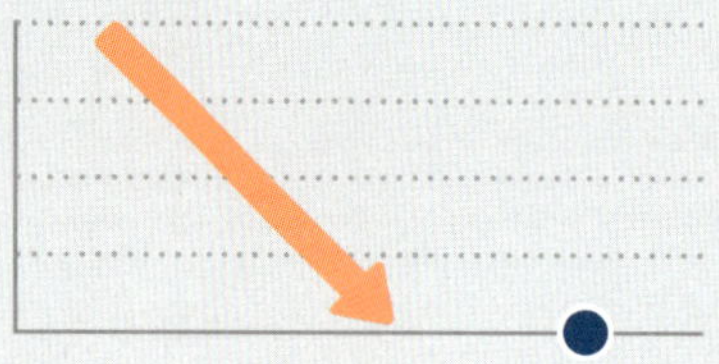

bàba
아빠

제1성 + 경성: 경성의 음높이가 비교적 낮아요.

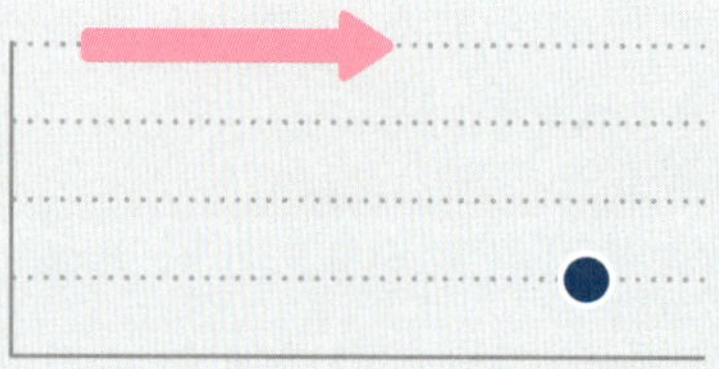

māma
엄마

제2성 + 경성: 경성의 음높이가 중간이에요.

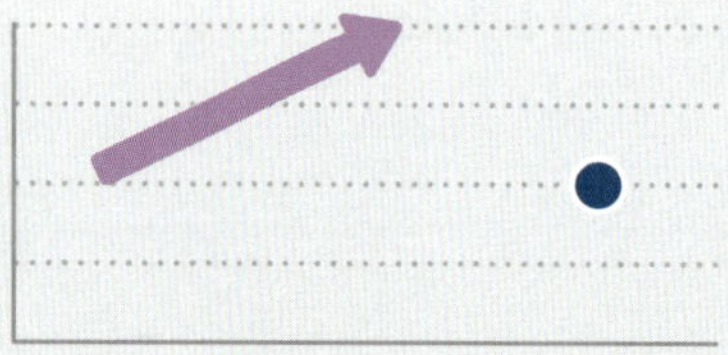

yéye
할아버지

제3성 + 경성: 경성의 음높이가 가장 높아요.

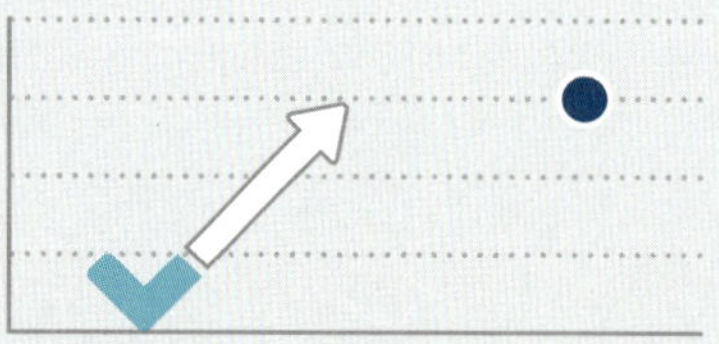

nǎinai
할머니

TIP 제3성은 뒤에 다른 성조(제1, 2, 4성, 경성)가 올 때 일반적으로 후반부의 올라가는 음을 소리 내지 않아요.

✪ 성모란?

성모는 음절의 첫소리로 우리말 초성 자음에 해당해요.
표준 중국어에는 총 21개의 성모가 있는데, 단독으로 발음할 수 없고 반드시 운모와 결합해서 소리 내요.

입술 소리

입술 소리는 위아래 입술을 붙였다 떼면서 내는 소리로 성모 b, p, m, f가 해당돼요.
우리말 자음 'ㄱ'이 '기역'이라는 이름이 있듯이, 입술 소리 성모는 뒤에 운모 o를 붙여 불러요.

녹음을 들으면서 정확하게 발음한 후 따라 써 보세요. `MP3 01-12`

b
우리말 [뽀어/보어]처럼 발음해요.
bō   bó   bǒ   bò

p
우리말 [포어]처럼 발음해요.
pō   pó   pǒ   pò

m
우리말 [모어]처럼 발음해요.
mō   mó   mǒ   mò

f
영어 f처럼 윗니를 아랫입술에 대었다가 떼면서 [ᶠ포어]처럼 발음해요.
fō   fó   fǒ   fò

녹음을 듣고 해당하는 발음에 ✓ 해 보세요. `MP3 01-13`

① □ bā   □ pā   ② □ mó   □ fó
③ □ pǐ   □ mǐ   ④ □ pù   □ fù

혀끝 소리

혀끝 소리는 혀끝을 윗니 뒤쪽에 붙였다가 떼면서 내는 소리로 성모 d, t, n, l가 해당돼요.
혀끝 소리 성모는 뒤에 운모 e를 붙여 불러요.

녹음을 들으면서 정확하게 발음한 후 따라 써 보세요. MP3 01-14

d
우리말 [뜨어/드어]처럼 발음해요.

dē　　dé　　dě　　dè

t
우리말 [트어]처럼 발음해요.

tē　　té　　tě　　tè

n
비음을 넣어 우리말 [느어]처럼 발음해요.

nē　　né　　ně　　nè

l
가볍게 우리말 [르어]처럼 발음해요.

lē　　lé　　lě　　lè

녹음을 듣고 해당하는 발음에 ✓ 해 보세요. MP3 01-15

❶ □ dā　　□ tā　　　❷ □ dé　　□ né

❸ □ tǐ　　□ lǐ　　　❹ □ nǜ　　□ lǜ

혀뿌리 소리

혀뿌리 소리는 혀 안쪽 부분에서 긁어내는 듯한 느낌으로 내는 소리로 성모 g, k, h가 해당돼요.
혀뿌리 소리 성모는 뒤에 운모 e를 붙여 불러요.

녹음을 들으면서 정확하게 발음한 후 따라 써 보세요. MP3 01-16

g
우리말 [끄어/그어]처럼 발음해요.

gē　gé　gě　gè

k
우리말 [크어]처럼 발음해요.

kē　ké　kě　kè

h
우리말 [흐어]처럼 발음해요.

hē　hé　hě　hè

TIP 중국어는 우리말과 달리 된소리와 예사소리의 구분이 없어요. 하지만 특정 성모를 발음할 때 성대에 힘이 들어가는 제1성과 제4성은 상대적으로 된소리에 가깝게 들리고 제2성과 제3성 그리고 경성은 예사소리에 가깝게 들려요.

예 gē, gè (끄어) / gé, gě, ge (그어)

녹음을 듣고 해당하는 발음에 ✓ 해 보세요. MP3 01-17

1 □ gā　　□ kā　　2 □ gé　　□ hé
3 □ kǔ　　□ hǔ　　4 □ kù　　□ hù

혓바닥 소리

혓바닥 소리는 혓바닥을 입천장에 가볍게 붙였다 떼면서 내는 소리로 성모 j, q, x가 해당돼요.
혓바닥 소리 성모는 뒤에 운모 i를 붙여 불러요.

녹음을 들으면서 정확하게 발음한 후 따라 써 보세요.　　MP3 01-18

j
우리말 [찌/지]처럼 발음해요.

jī　　jí　　jǐ　　jì

q
우리말 [치]처럼 발음해요. 영어 발음 'ㅋ'처럼 소리 내지 않도록 주의해야 해요.

qī　　qí　　qǐ　　qì

x
우리말 [씨/시]처럼 발음해요.

xī　　xí　　xǐ　　xì

TIP 성모 j, q, x가 운모 ü(위)와 결합하면 ü 위의 두 점은 표기하지 않아요.

jü → ju 쥐　/　qü → qu 취　/　xü → xu 쉬

녹음을 듣고 해당하는 발음에 ✓ 해 보세요.　　MP3 01-19

❶ □ jī　　□ qī　　　❷ □ jí　　□ xí
❸ □ qǔ　　□ xǔ　　　❹ □ qù　　□ xù

성모

혀끝 앞 소리

혓끝 앞 소리는 혀끝으로 윗니와 아랫니 사이를 막았다가 떼면서 내는 소리로 성모 z, s, s가 해당돼요.
혀끝 앞 소리 성모는 뒤에 운모 ㅢ를 붙여 부르는데, 이때 ㅢ는 우리말 [으]로 발음해요.

녹음을 들으면서 정확하게 발음한 후 따라 써 보세요.　　　MP3 01-20

z 　우리말 [쯔]처럼 발음해요.

zī　　　zí　　　zǐ　　　zì

c 　우리말 [츠]처럼 발음해요.

cī　　　cí　　　cǐ　　　cì

s 　우리말 [쓰]처럼 발음해요.

sī　　　sí　　　sǐ　　　sì

TIP 운모 i는 일반적으로 [이]로 발음하지만, 성모 z, c, s, zh, ch, sh, r와 결합하면 [으]로 발음해요.

녹음을 듣고 해당하는 발음에 ✓ 해 보세요.　　　MP3 01-21

① ☐ zā　　　☐ cā　　　② ☐ zé　　　☐ sé

③ ☐ cǐ　　　☐ sǐ　　　④ ☐ cù　　　☐ sù

혀 말은 소리

혀 말은 소리는 혀 끝을 입천장 쪽으로 살짝 말아올려 내는 소리로 성모 zh, ch, sh, r가 해당돼요.
혀 말은 소리 성모는 뒤에 운모 -i(으)를 붙여 불러요.

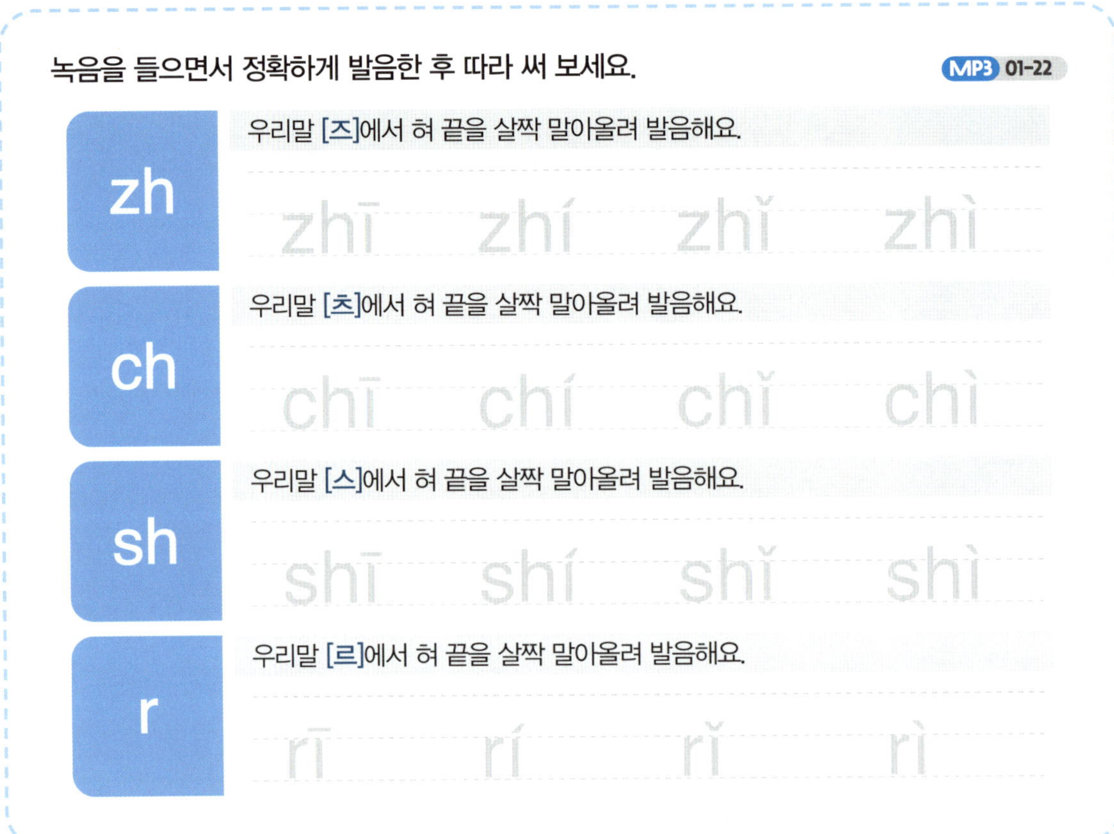

녹음을 들으면서 정확하게 발음한 후 따라 써 보세요.　　MP3 01-22

zh — 우리말 [즈]에서 혀 끝을 살짝 말아올려 발음해요.

zhī　　zhí　　zhǐ　　zhì

ch — 우리말 [츠]에서 혀 끝을 살짝 말아올려 발음해요.

chī　　chí　　chǐ　　chì

sh — 우리말 [스]에서 혀 끝을 살짝 말아올려 발음해요.

shī　　shí　　shǐ　　shì

r — 우리말 [르]에서 혀 끝을 살짝 말아올려 발음해요.

rī　　rí　　rǐ　　rì

녹음을 듣고 해당하는 발음에 ✓ 해 보세요.　　MP3 01-23

① □ zhā　　□ chā　　　② □ ché　　□ shé
③ □ shǐ　　□ rǐ　　　④ □ zhù　　□ rù

연습 문제

1 녹음을 듣고 발음에 주의하며 따라 읽어 보세요.　**MP3 01-24**

bō	pó	mǒ	fò
dē	té	ně	lè
gē	ké	hě	
jī	qí	xǐ	
zī	cí	sǐ	
zhī	chí	shǐ	rì

2 녹음을 듣고 빈칸에 알맞은 성모를 적어 보세요.　**MP3 01-25**

❶ ☐ ā　　　　❹ ☐ ì

❷ ☐ ó　　　　❺ ☐ ǔ

❸ ☐ ě　　　　❻ ☐ ù

3 녹음을 듣고 빈칸에 알맞은 성조를 표기해 보세요.　**MP3 01-26**

❶ ☐ pa　　　　❹ ☐ ni

❷ ☐ mo　　　　❺ ☐ zhe

❸ ☐ qu　　　　❻ ☐ lü

중국은 어떤 나라일까?

국가 정식 명칭

중화인민공화국
(Zhōnghuá Rénmín Gònghéguó, 中华人民共和国)

수도 베이징(Běijīng, 北京)

국기 오성홍기(Wǔxīng Hóngqí, 五星红旗)

'5개의 별의 있는 붉은 기'라는 의미로 붉은 색은 혁명을 나타내요. 앞에 큰 별 하나는 중국
공산당을, 뒤에 작은 별 4개는 각각 노동자, 농민, 소자산계급, 민족자산계급을 상징해요.

면적 약960만㎢(한반도의 약 44배)

관할 행정 국역 22개의 성(중국은 대만을 23번째 성으로 간주)
4개 직할시, 5개 자치구, 2개 특별행정구역

인구 약14억명

민족 56개의 민족으로 구성된 다민족 국가(한족이 전체 인구의 약 91%)

2

중국어 발음

결합 운모

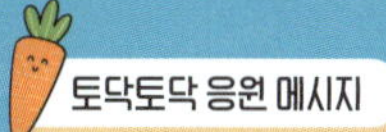

소중한 첫 걸음!

지금은 모든 게 낯설고 어려울 수 있어요. 하지만
첫 술에 배부를 수는 없어요. 우리 함께 기초부터
차곡차곡 쌓아 나가요. 간단한 성조 연습도, 단어
하나하나도 모두 소중한 첫걸음이 될 거예요.

bùbù gāo 步步高 한 걸음 한 걸음 올라가다

1과 복습

1 빈칸에 중국어 한어병음의 세 가지 요소를 적어 보세요.

2 빈칸에 해당 운모가 성모 없이 단독으로 쓰일 때의 표기법을 적어 보세요.

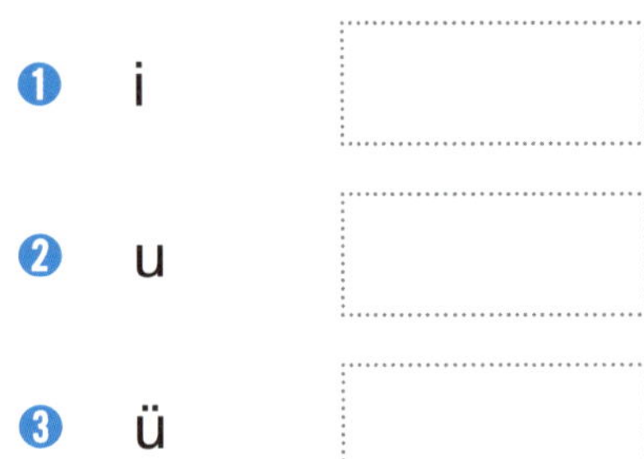

❶ i

❷ u

❸ ü

3 빈칸에 알맞은 성조를 표기해 보세요.

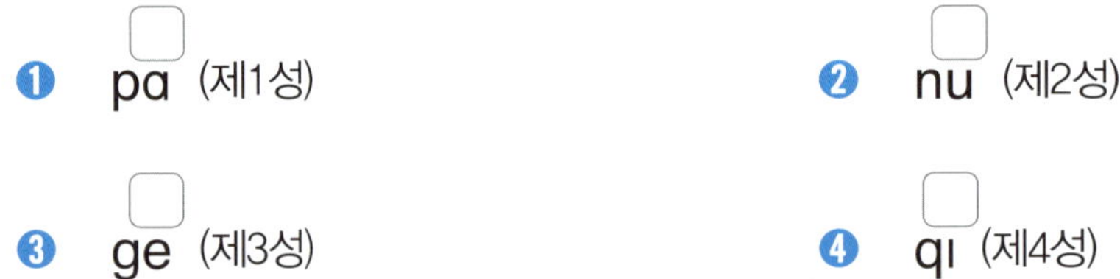

❶ pa (제1성)

❷ nu (제2성)

❸ ge (제3성)

❹ qi (제4성)

4 다음 중 성조와 운모의 표기가 잘못된 것을 고르세요.

❶ má

❷ fò

❸ xǔ

❹ zhī

녹음을 들으면서 발음을 빈칸에 우리말로 적어 보세요.　**MP3 02-01**

b	p	m	f	+ o

d	t	n	l	+ e

g	k	h	+ e

j	q	x	+ i

z	c	s	+ -i

zh	ch	sh	r	+ -i

기억하기

1 성모 q는 영어 발음 [ㅋ]가 아니라 우리말 [ㅊ]처럼 발음해요.

2 운모 i는 일반적으로 [이]로 발음하지만, 성모 z, c, s, zh, ch, sh, r와 결합할 때는 [으]로 발음해요.

차곡차곡 성조 연습

녹음을 들으면서 다양한 유형의 성조 결합을 연습해 보세요.

제1성

MP3 02-02

sījī

gēcí

shūfǎ

jīqì

māma

gēge

제2성

MP3 02-03

liáotiān

jígé

héfǎ

málà

déle

chúle

04 차곡차곡 성조 연습

제3성

MP3 02-04

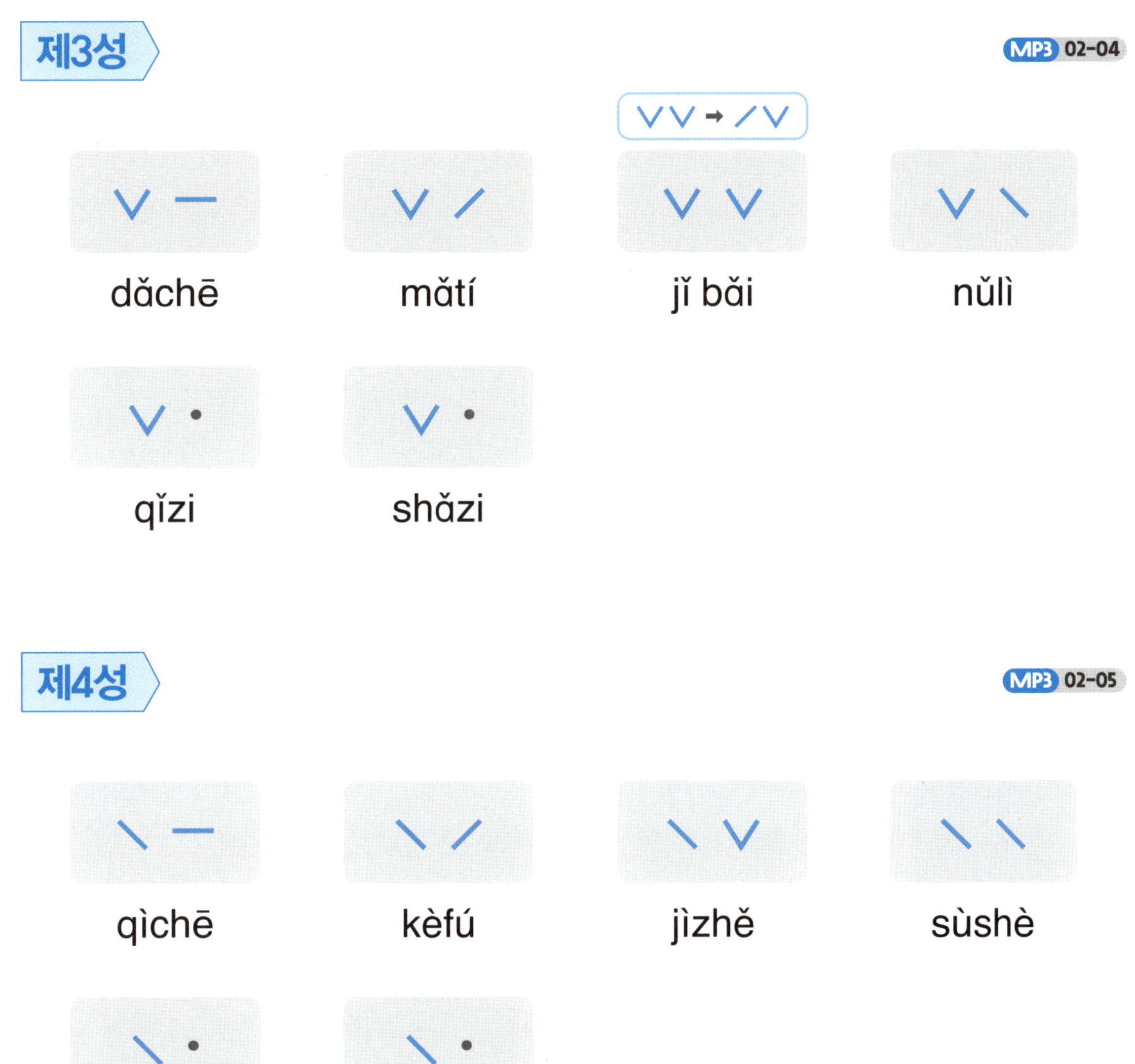

제4성

MP3 02-05

05 결합 운모

☆ 결합 운모란?

앞에서 운모는 우리말의 모음 또는 모음과 받침이 합쳐진 형태에 해당한다고 배웠어요.
결합 운모는 2개 이상의 기본 운모들이 합쳐진 운모 그리고 뒤에 –n, –ng 받침이 붙은 운모를 말해요.

a 결합 운모

녹음을 들으면서 정확하게 발음한 후 따라 써 보세요.　MP3 02-06

ai	우리말 [아이]처럼 발음해요.
	āi　ái　ǎi　ài

ao	우리말 [아오]처럼 발음해요. 결합 운모에서 o는 [오어]로 발음하지 않아요.
	āo　áo　ǎo　ào

an	콧소리를 넣어 우리말 [안]처럼 발음해요.
	ān　án　ǎn　àn

ang	콧소리를 넣어 우리말 [앙]처럼 발음해요.
	āng　áng　ǎng　àng

녹음을 듣고 해당하는 발음에 ✓ 해 보세요.　MP3 02-07

❶ ☐ āi	☐ āo	❷ ☐ ái	☐ án
❸ ☐ ǎo	☐ ǎng	❹ ☐ àn	☐ àng

06 결합 운모

녹음을 들으면서 정확하게 발음한 후 따라 써 보세요. **MP3 02-08**

ou

우리말 '오'보다 입을 살짝 더 벌린 상태에서 [오우]처럼 발음해요.

ōu　　 óu　　ǒu　　òu

ong

우리말 '우'의 입 모양에서 콧소리를 넣어 [옹]처럼 발음해요.

ōng　　óng　　ǒng　　òng

TIP 결합 운모에 성조 부호를 표기할 때는 우선 순위가 있어요. 발음할 때 입이 크게 벌어지는 정도에 따라 a > o, e > i, u, ü의 우선 순위로 표기해요.

예 hǎo, hái, hēi, dōu, nüè

단, i와 u가 결합된 운모는 뒤쪽에 있는 운모 위에 성조를 표기해요.

예 jiù, duì

녹음을 듣고 해당하는 발음에 ✓ 해 보세요. **MP3 02-09**

① □ ōu　　□ ōng　　② □ óu　　□ óng
③ □ ǒu　　□ ǒng　　④ □ òu　　□ òng

e 결합 운모

녹음을 들으면서 정확하게 발음한 후 따라 써 보세요.　**MP3** 02-10

ei
우리말 [에이]처럼 발음해요. 결합 운모에서 e는 [으어]로 발음하지 않아요.

ēi　éi　ěi　èi

en
콧소리를 넣어 우리말 [언]처럼 발음해요.

ēn　én　ěn　èn

eng
콧소리를 넣어 우리말 [엉]처럼 발음해요.

ēng　éng　ěng　èng

er
혀끝을 살짝 말아 올려 우리말 [얼]처럼 발음해요.

ēr　ér　ěr　èr

녹음을 듣고 해당하는 발음에 ✓ 해 보세요.　**MP3** 02-11

❶ □ ēi　□ ēn　　❷ □ én　□ éng
❸ □ ěn　□ ěr　　❹ □ èi　□ èr

08 결합 운모

i 결합 운모 ①

녹음을 들으면서 정확하게 발음한 후 따라 써 보세요.　　　　**MP3** 02-12

ia
우리말 [이아/야]처럼 발음해요.

iā　　iá　　iǎ　　ià

ie
우리말 [이에/예]처럼 발음해요. 결합 운모에서 e는 [으어]로 발음하지 않아요.

iē　　ié　　iě　　iè

iao
우리말 [이아오/야오]처럼 발음해요.

iāo　　iáo　　iǎo　　iào

i(o)u
우리말 [이오우/요우]처럼 발음해요.

iōu　　ióu　　iǒu　　iòu

TIP 운모 iou는 성모와 결합 시 o를 생략하고 –iu로만 표기하는데, 성조 부호는 뒤쪽 u에 표기해요.

예 jiǔ, qiú

i로 시작하는 결합 운모가 성모 없이 단독으로 사용될 때는 i를 y로 바꾸어 표기해요.

–ia = ya / –ie = ye / –iao = yao / –iou = you
–ian = yan / –iang = yang / –iong = yong

녹음을 듣고 해당하는 발음에 ✓ 해 보세요.　　　　**MP3** 02-13

① ☐ iā(yā)　　☐ iē(yē)　　　**②** ☐ iá(yá)　　☐ iáo(yáo)

③ ☐ iě(yě)　　☐ iǎo(yǎo)　　**④** ☐ iào(yào)　　☐ iòu(yòu)

결합 운모

i 결합 운모 ②

녹음을 들으면서 정확하게 발음한 후 따라 써 보세요. MP3 02-14

ian
우리말 [이엔/옌]처럼 발음해요.

iān ián iǎn iàn

iang
우리말 [이앙/양]처럼 발음해요.

iāng iáng iǎng iàng

iong
콧소리를 넣어 우리말 [이옹/용]처럼 발음해요.

iōng ióng iǒng iòng

in
콧소리를 넣어 우리말 [인]처럼 발음해요.

īn ín ǐn ìn

ing
콧소리를 넣어 우리말 [잉]처럼 발음해요.

īng íng ǐng ìng

TIP 운모 a는 보통 [아]로 발음하지만, 결합 운모 ian의 a는 예외적으로 [에]로 발음해요.

예 qián 치엔, miàn 미엔

운모 in, ing은 성모 없이 단독으로 사용될 때 앞에 y를 붙여서 표기해요.

in = yin / –ing = ying

녹음을 듣고 해당하는 발음에 ✔ 해 보세요. MP3 02-15

❶ ☐ iān(yān) ☐ iāng(yāng) **❷** ☐ ián(yán) ☐ ín(yín)

❸ ☐ iǎng(yǎng) ☐ iǒng(yǒng) **❹** ☐ ìn(yìn) ☐ iòng(yòng)

u 결합 운모 ①

녹음을 들으면서 정확하게 발음한 후 따라 써 보세요. **MP3** 02-16

ua
우리말 [우아/와]처럼 발음해요.

uā   uá   uǎ   uà

uo
우리말 [우오/워]처럼 발음해요.

uō   uó   uǒ   uò

uai
우리말 [우아이/와이]처럼 발음해요.

uāi   uái   uǎi   uài

uan
우리말 [우안/완]처럼 발음해요.

uān   uán   uǎn   uàn

TIP u로 시작하는 결합 운모가 성모 없이 단독으로 사용될 때는 u를 w로 바꾸어 표기해요.

–ua = wa / –uo = wo / –uai = wai / –uan = wan
–uang = wang / –uei = wei / –uen = wen / –ueng = weng

녹음을 듣고 해당하는 발음에 ✓ 해 보세요. **MP3** 02-17

❶ □ uā(wā)　□ uō(wō)　　❷ □ uó(wó)　□ uái(wái)

❸ □ uǎi(wǎi)　□ uǎn(wǎn)　❹ □ uà(wà)　□ uàn(wàn)

u 결합 운모 ②

녹음을 들으면서 정확하게 발음한 후 따라 써 보세요. **MP3** 02-18

uang

우리말 [우앙/왕]처럼 발음해요.

uāng uáng uǎng uàng

u(e)i

u(우)+ei(에이) 구조의 결합으로 우리말 [우에이/웨이]처럼 발음해요.

uēi uéi uěi uèi

u(e)n

u(우)+en(언) 구조의 결합으로 우리말 [우언/원]처럼 발음해요.

uēn uén uěn uèn

ueng

우리말 [우엉/웡]처럼 발음해요.

uēng uéng uěng uèng

TIP 운모 uei는 성모와 결합 시 e를 생략하고 –ui로만 표기하는데, 성조 부호는 뒤쪽 i에 표기해요.

예 guì, zuǐ

운모 uen도 성모와 결합 시 e를 생략하고 –un으로만 표기해요. 이때 축약된 운모 –un은 [우언/원]이 아니라 [운]에 가깝게 발음해요.

예 gǔn 군, kùn 쿤

녹음을 듣고 해당하는 발음에 ✓ 해 보세요. **MP3** 02-19

❶ ☐ uāng(wāng)　　☐ uēi(wēi)　　❷ ☐ uáng(wáng)　　☐ uéng(wéng)

❸ ☐ uěi(wěi)　　☐ uěn(wěn)　　❹ ☐ uèn(wèn)　　☐ uèng(wèng)

결합 운모

ü 결합 운모

녹음을 들으면서 정확하게 발음한 후 따라 써 보세요. **MP3 02-20**

üan

우리말 [위엔]처럼 발음해요.

üān   üán   üǎn   üàn

üe

우리말 [위에]처럼 발음해요.

üē   üé   üě   üè

ün

동그란 입모양을 끝까지 유지한채로 우리말 [윈]처럼 발음해요.

ūn   ún   ǔn   ùn

TIP 운모 a는 보통 [아]로 발음하지만, 결합 운모 üan의 a는 예외적으로 [에]로 발음해요.
ü로 시작하는 결합 운모가 성모 j, q, x와 결합하면 ü의 두 점을 생략하고 표기해요.

예 juàn 쥐엔, què 취에, xùn 쒼

ü로 시작하는 결합 운모가 성모 없이 단독으로 사용될 때는 ü를 yu로 바꾸어 표기해요.

–üan = yuan / –üe = yue / –ün = yun

녹음을 듣고 해당하는 발음에 ✓ 해 보세요. **MP3 02-21**

1 ☐ üān(yuān)   ☐ üē(yuē)   **2** ☐ üán(yuán)   ☐ ǘn(yún)

3 ☐ üě(yuě)   ☐ ǔn(yǔn)   **4** ☐ üè(yuè)   ☐ ùn(yùn)

❶ 결합 운모에 성조 부호를 표기할 때는 단운모 a > o, e > i, u, ü 순으로 표기해요.

> **예** hǎo, hái, hēi, dōu, nüè

❷ i와 u가 결합된 운모(iu, ui)는 뒤쪽에 있는 운모 위에 성조 부호를 표기해요.

> **예** jiù, duì

❸ 성모 없이 단독으로 사용되는 경우 기본 운모 i는 앞에 y를 붙이고, i로 시작하는 결합 운모는 i를 y로 고쳐 표기해요.

i	표기 방법		예
	기본 운모 단독 사용 시 in, ing 운모 단독 사용 시	i 앞에 y를 붙임	i → yi in, ing → yin, ying
	결합 운모 단독 사용 시	i를 y로 고침	ia → ya iao → yao

❹ 성모 없이 단독으로 사용되는 경우 기본 운모 u는 앞에 w를 붙이고, u로 시작하는 결합 운모는 u를 w로 고쳐 표기해요.

u	표기 방법		예
	기본 운모 단독 사용 시	u 앞에 w를 붙임	w → wu
	결합 운모 단독 사용 시	u를 w로 고침	ua → wa uo → wo

❺ 성모 없이 단독으로 사용되는 경우 기본 운모 ü와 ü로 시작하는 결합 운모 모두 ü를 yu로 고쳐 표기해요. 이때 운모 ü가 성모 j, q, x와 결합하면 ü 위의 두 점을 생략하지만 발음은 동일해요.

ü	표기 방법		예
	단독 사용 시	ü를 yu로 고침	ü → yu üe → yue
	성모 j, q, x와 결합 시	ü위의 두 점을 생략	jü → ju qü → qu xü → xu jüan → juan qüe → que xün → xun

연습 문제

1 녹음을 듣고 발음과 성조에 주의하며 따라 읽어 보세요. 

bāi	páo	mǎn	fàng
dōu	tóng	něi	lèng
guō	kuái	huǎng	
jiān	qiú	xuě	
zuān	cuó	suǐ	
zhāi	chuán	shěng	rùn

2 녹음을 듣고 빈칸에 알맞은 운모를 적어 보세요. MP3 02-23

❶ f ☐

❷ k ☐

❸ q ☐

❹ s ☐

❺ ch ☐

❻ r ☐

3 녹음을 듣고 올바른 위치에 성조를 표기해 보세요. MP3 02-24

❶ b i a o

❷ d i u

❸ t o u

❹ h u a i

❺ j u e

❻ sh u i

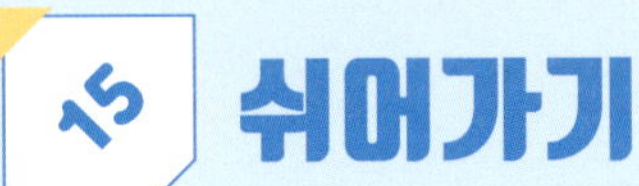

도전! 빠른 말놀이

우리말 빠른 말놀이 '간장 공장 공장장은 간 공장장이고~'처럼 중국어에도 다양한 발음 연습 문장들이 있어요. 중국어의 발음과 성조를 떠올리며 얼마나 빨리 말할 수 있는지 도전해 보세요.

> sì shì sì, shí shì shí.
>
> shísì shì shísì, sìshí shì sìshí.

성공 시간 ____ 초

四十四,
sì shì sì, 4는 4고,

十是十。
shí shì shí. 10은 10이에요.

十四是十四,
shísì shì shísì, 14는 14고,

四十是四十。
sìshí shì sìshí. 40은 40이에요.

3

안녕!

Nǐ hǎo!

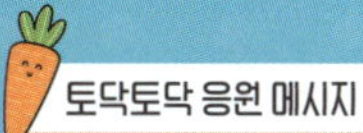
토닥토닥 응원 메시지

우리 함께 기름을 넣어 볼까요?
옛날 중국에서 자동차 경주를 보는 사람들이 운전
자가 잘 달리기를 바라며 '기름을 넣어!'하고 외쳤
대요. 이 구호가 점점 퍼지면서 우리말 '화이팅!'처
럼 응원 문구로 쓰이게 되었어요. 힘들 때 스스로
에게 '기름을 넣어!'라고 말해 보세요!

jiāyóu 加油 기름을 넣다, 힘을 내다

2과 복습

1 보기의 설명 내용에 해당하는 것이 무엇인지 적어 보세요.

> **보기** 2개 이상의 기본 운모들이 합쳐진 운모 또는 뒤에 −n, −ng와 같은 받침이 붙은 운모를 말해요.

2 보기의 기본 운모들을 성조 표기 순서에 따라 배치해 보세요.

> **보기**　　e　　ü　　a　　u　　i　　o

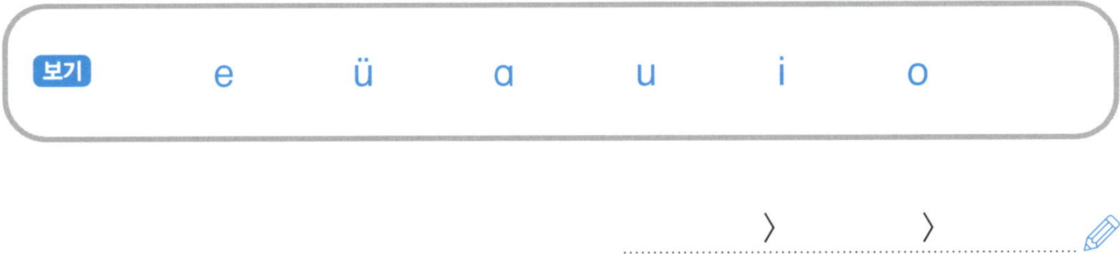

3 다음 중 운모 e의 발음이 다른 하나를 고르세요.

❶ ge

❷ bei

❸ jie

❹ que

4 ü로 시작하는 결합운모가 성모 j, q, x와 만날 때 올바른 표기법을 적어 보세요.

❶ j + üan

❷ q + üe

❸ x + ün

02 차곡차곡 발음 연습

녹음을 들으면서 빈칸에 발음을 우리말로 적어 보세요.　　　　　MP3 03-01

성모 \ 운모	ai	ao	an	ang
b	bai	bao	ban	bang
p	pai	pao	pan	pang
m	mai	mao	man	mang
f	●	●	fan	fang

기억하기

일부 성모는 특정 결합운모와 함께 발음되지 않아요.

차곡차곡 성조 연습

녹음을 들으면서 다양한 유형의 성조 결합을 연습해 보세요.

제1성   MP3 03-02

제2성   MP3 03-03

04 차곡차곡 성조 연습

제3성

MP3 03-04

제4성

MP3 03-05

 03-06

nǐ	你	너, 당신
hǎo	好	좋다, 안녕하다
zǎoshang	早上	아침
zàijiàn	再见	또 만나, 잘 가
míngtiān	明天	내일
jiàn	见	보다, 만나다

회화

정현과 리하이가 아침에 만나 인사를 합니다.

정현
你好！
Nǐ hǎo!

리하이
早上好！
Zǎoshang hǎo!

정현과 리하이가 헤어지며 인사를 합니다.

정현
再见！
Zàijiàn!

리하이
明天见！
Míngtiān jiàn!

회화 해설

만났을 때 인사

你好！

Nǐ hǎo! ➡ **Ní hǎo!**

안녕! (안녕하세요!)

만났을 때 하는 가장 일반적인 인사말로, 친구나 연장자에게 모두 사용할 수 있어요. 제3성이 연이어 만나면 앞에 제3성을 제2성으로 바꿔 발음해요.

早上好!

Zǎoshang hǎo!

좋은 아침이야!

아침에 만났을 때 하는 인사말이에요. Zǎo!(早!)로 간단하게 줄여서 인사하기도 해요.

헤어질 때 인사

再见！

Zàijiàn!

또 만나!

헤어질 때 하는 가장 일반적인 인사말로, 우리말 '잘 가'와 비슷해요. jiàn(见)은 '보다'를 나타내지만 '만나다'의 의미도 가지고 있어요.

明天见！

Míngtiān jiàn!

내일 만나!

míngtiān(明天)은 밝을 명(míng 明)과 하늘 천(tiān 天)이 만나 새로운 해가 떠서 하늘이 밝아지는 '내일'을 의미하게 되었어요.

어법

Nǐ hǎo! 안녕! (안녕하세요!)

인칭대명사

	단수	복수	
1인칭	wǒ 我 나, 저	+men 们	wǒmen 我们 우리(들)
2인칭	nǐ 你 너, 당신 nín 您 당신(존칭)		nǐmen 你们 너희들, 당신들
3인칭	tā 他 그 tā 她 그녀 tā 它 그것		tāmen 他们 그들 tāmen 她们 그녀들 tāmen 它们 그것들

* 존칭을 나타내는 nín(您) 뒤에는 일반적으로 복수를 나타내는 men(们)을 붙여 사용하지 않아요.

Nǐ hǎo! 안녕! (안녕하세요!)

hǎo 앞에 인칭대명사나 상대방의 호칭을 붙여 인사할 수 있어요.

Nín hǎo! 안녕하십니까!

Dàjiā hǎo! 여러분, 안녕하세요!

Lǎoshī hǎo! 선생님, 안녕하세요!

○○○, 안녕! (안녕하세요!) 인칭대명사/호칭 + hǎo!

단어  MP3 03-08

nín 您 당신(존칭)　　　dàjiā 大家 여러분, 모두들　　　lǎoshī 老师 선생님

Zǎoshang hǎo! 좋은 아침이야!

hǎo 앞에 시간사(때를 나타내는 말)를 넣으면 시간대별로 다양한 인사를 할 수 있어요.

Shàngwǔ hǎo! 아침 인사 (좋은 아침이야!)

Zhōngwǔ hǎo! 점심 인사 (좋은 정오야!)

Xiàwǔ hǎo! 오후 인사 (좋은 오후야!)

Wǎnshang hǎo! 저녁 인사 (좋은 저녁이야!)

좋은 ~이야! 시간사 + hǎo!

Zàijiàn! 또 만나!

jiàn 앞에 때를 나타내는 말을 넣으면 특정 시간이나 날짜에 다시 만나자고 할 수 있어요.

Wǎnshang jiàn! 저녁에 만나!

Míngtiān jiàn! 내일 만나!

Yíhuìr jiàn! 잠시 후에 만나!

~에 만나! 시간사 + jiàn!

TIP r(얼) 바로 앞에 위치하는 운모 i는 발음이 생략돼요.
yíhuìr에서 huìr은 우리말 '후얼/훨'처럼 발음해요.

단어 MP3 03-09

shàngwǔ 上午 오전   zhōngwǔ 中午 정오   xiàwǔ 下午 오후   wǎnshang 晚上 저녁

yíhuìr 一会儿 잠시, 잠깐

MP3 03-10

1

A hǎo! 안녕! (안녕하세요!)

Nín

Lǎoshī

hǎo!

2

A hǎo! 좋은 ~이야! (시간대별 인사)

Shàngwǔ

Xiàwǔ

hǎo!

3

A jiàn! ~에 만나!

Míngtiān

Yíhuìr

jiàn!

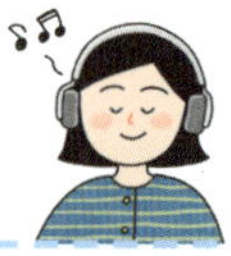

① Nǐ hǎo!

② Dàjiā hǎo!

③ Zǎoshang hǎo!

④ Wǎnshang hǎo!

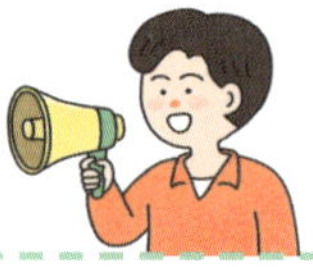

① Zàijiàn!

② Wǎnshang jiàn!

③ Míngtiān jiàn!

④ Yíhuìr jiàn!

단어의 확장을 통해 완전한 중국어 문장을 말해 보세요.

1 你好！

좋다, 안녕하다
안녕! (안녕하세요!)

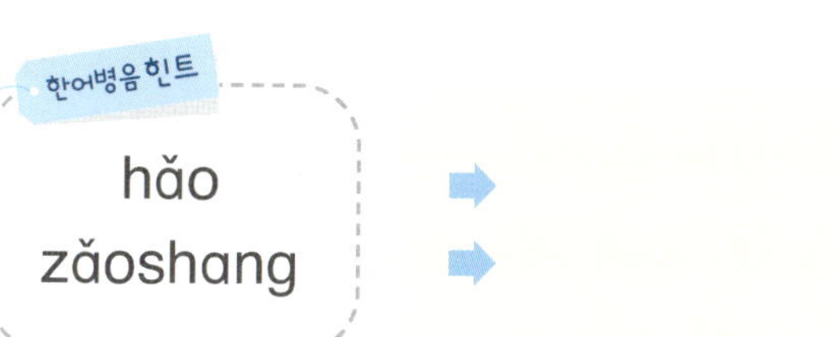

2 早上好！

좋다, 안녕하다
좋은 아침이야!

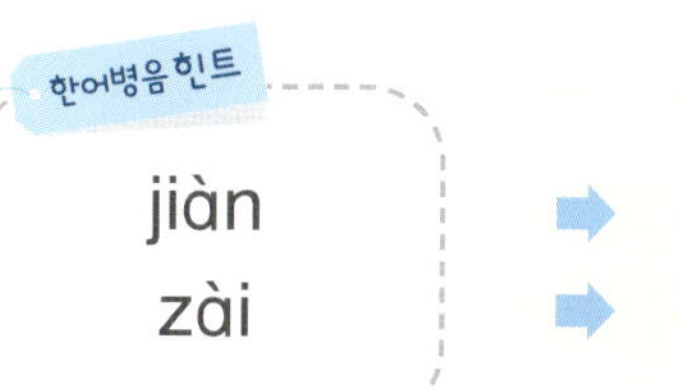

3 再见！

보다, 만나다
또 만나!

4 明天见！

보다, 만나다
내일 만나!

1 녹음을 듣고 발음에 주의하며 따라 읽어 보세요.　　MP3 03-12

> nǐ　hǎo　zǎoshang　zàijiàn　míngtiān　jiàn

2 녹음을 듣고 빈칸에 알맞은 한어병음을 적어 보세요.　　MP3 03-13

❶ __________ hǎo!

❷ __________________ hǎo!

❸ Zài __________ !

❹ __________________ jiàn!

3 녹음을 듣고 한어병음이 잘못된 곳을 찾아 바르게 적어 보세요.　　MP3 03-14

> 예 Zèijiàn!　　　　　　　(　Zài　)

❶ Dàjiā hǔo!　　　　　　(　　　　)

❷ Xiàyǔ hǎo!　　　　　　(　　　　)

❸ Wǎnchang jiàn!　　　　(　　　　)

❹ Yíhùir jiàng!　　　　　(　　　　)

연습 문제

4 단어의 뜻을 보고 알맞은 한어병음과 연결해 보세요.

너, 당신　　●　　　　　　　　●　zàijiàn

좋다, 안녕하다　　●　　　　　　●　nǐ

아침　　●　　　　　　　　　　●　míngtiān

또 만나, 잘 가　　●　　　　　　●　jiàn

내일　　●　　　　　　　　　　●　zǎoshang

보다, 만나다　　●　　　　　　　●　hǎo

5 한어병음을 바르게 배열해 문장을 완성해 보세요.

❶　| h | ǐ | n | ǎo | !

———————————————————　안녕! (안녕하세요!)

❷　| hǎo | shang | zǎo | !

———————————————————　좋은 아침이야!

❸　| z | iàn | j | ài | !

———————————————————　또 만나!

❹　| míng | jiàn | tiān | !

———————————————————　내일 만나!

쉬어가기

중국어의 상황별 인사말

• 처음 만난 자리에서 격식을 갖춘 인사말

幸会幸会！
Xìnghuì xìnghuì!　만나 뵙게 되어 영광입니다!

久仰久仰！
Jiǔyǎng jiǔyǎng!　말씀 많이 들었습니다!

• 헤어질 때 하는 인사말

我先走了。
Wǒ xiān zǒu le.　나 먼저 갈게.

周末愉快！
Zhōumò yúkuài!　주말 잘 보내!

• 기념일에 하는 인사말

生日快乐！
Shēngrì kuàilè!　생일 축하해.

新年快乐！
Xīnnián kuàilè!　새해 복 많이 받아!

圣诞快乐！
Shèngdàn kuàilè!　메리 크리스마스!

4

고마워!

Xièxie!

토닥토닥 응원 메시지

꾸준함이 가장 강한 힘이에요!
물방울이 바위에 떨어져도 바위는 절대 한 번에
뚫리지 않아요. 하지만 멈추지 않고 계속 떨어지는
물방울은 결국 단단한 바위를 꿰뚫어요. 조금 느
려도 괜찮아요. 오늘도 당신만의 작은 물방울을
떨어뜨려 보세요!

dīshuǐ chuānshí 滴水穿石
물방울이 바위를 뚫는다

01 3과 복습

1 보기에서 알맞은 단어를 골라 빈칸에 적어 보세요.

> **보기** nǐ   hǎo   zǎoshang   zàijiàn   míngtiān   jiàn

① 아침 　　　　　　　　　　　④ 내일

② 보다, 만나다 　　　　　　　　⑤ 너, 당신

③ 좋다, 안녕하다 　　　　　　　⑥ 또 만나, 잘 가

2 우리말 뜻에 해당하는 중국어 문장을 한어병음으로 적어 보세요.

① 안녕! (안녕하세요!) 　　　　　　_______________

② 좋은 아침이야! 　　　　　　　　_______________

③ 또 만나! 　　　　　　　　　　　_______________

④ 내일 만나! 　　　　　　　　　　_______________

3 제시된 한어병음과 해당하는 한자를 연결해 보세요.

hǎo ●　　　　　● 早上

zǎoshang ●　　　● 见

míngtiān ●　　　● 好

jiàn ●　　　　　● 明天

녹음을 들으면서 빈칸에 발음을 우리말로 적어 보세요.

성모 \ 운모	ou	ong	*ei	en	eng
d	dou	dong	dei	den	deng
t	tou	tong	•	•	teng
n	nou	nong	nei	nen	neng
l	lou	long	lei	•	leng

결합 운모 *ei, ie에서 e는 [으어]로 발음하지 않고 [에]로 발음해요.

차곡차곡 성조 연습

녹음을 들으면서 다양한 유형의 성조 결합을 연습해 보세요.

제1성　　MP3 04-02

제2성　　MP3 04-03

제3성

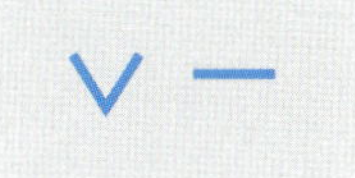

běifāng

jiǎnféi

biǎoyǎn

bǐsài

nǎinai

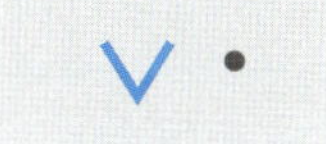

lǎoye

제4성

chàng gē

tèbié

xiàwǔ

diànhuà

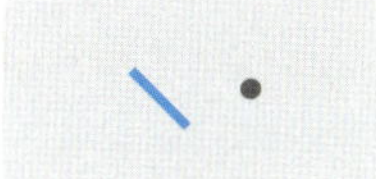

bèizi

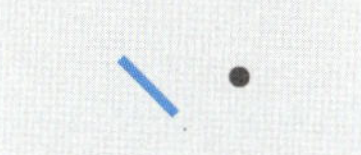

xièxie

xièxie	谢谢	고맙다
bù	不	~않다
kèqi	客气	예의를 차리다
duìbuqǐ	对不起	미안하다
méi	没	없다
guānxi	关系	관계

리하이가 정현을 위해 문을 열어 줍니다.

정현
谢谢！
Xièxie!

....

리하이
不客气！
Bú kèqi!

....

리하이가 실수로 물을 쏟았습니다.

리하이
对不起！
Duìbuqǐ!

....

정현
没关系！
Méi guānxi!

....

 회화 해설 

감사 표현

谢谢！ **Xièxie!** 고마워!	고마움을 나타내는 표현으로, 두 번째 xie는 경성으로 가볍게 발음해요.
不客气! **Bú kèqi!** 천만에!	Bú kèqi!는 감사 표현에 대한 대답으로, 직역하면 '예의를 차리지 않아도 돼!' 정도의 의미를 나타내요.

사과 표현

对不起！ **Duìbuqǐ!** 미안해!	사과를 나타내는 표현이에요. 일상생활에서 미안함을 가볍게 나타낼 때는 Bù hǎoyìsi!(不好意思!) 표현도 자주 사용해요.
没关系！ **Méi guānxi!** 괜찮아!	직역하면 '관계없어!' 정도의 의미로 사과 표현에 대한 대답이에요. 어떤 결과가 문제될 것이 없음을 나타내요.

Xièxie! 고마워!

Xièxie 뒤에 감사의 대상을 넣어 표현할 수 있어요.

고마워, ○○○!　Xièxie ✚ 대상!

Xièxie **nín**!　감사합니다!

Xièxie **dàjiā**!　고마워요, 여러분!

Xièxie **lǎoshī**!　고마워요, 선생님!

Bú kèqi! 천만에!

bù(不)는 '~않다'라는 뜻으로, 동사나 형용사 앞에 쓰여 부정의 의미를 나타내요.

Bù hǎo.　좋지 않아. (안 좋아.)

Bù chī.　먹지 않아. (안 먹어.)

不(bù)는 뒤에 제4성이 올 때 제2성으로 바꾸어 발음해요.

Bú kàn.　보지 않아. (안 봐.)

bù(不) ✚ 제4성 → bú(不) ✚ 제4성

단어　🎧 MP3 04-08

nín 您 당신(존칭)　　dàjiā 大家 여러분, 모두들　　lǎoshī 老师 선생님　　chī 吃 먹다　　kàn 看 보다

Duìbuqǐ! 미안해!

Duìbuqǐ(对不起)를 풀어서 해석해 보면 다음과 같아요.

duì 对 (마주하다) + bu 不 (~않다) + qǐ 起 ((아래에서 위로) 일으키다, 올라가다)

'얼굴을 마주하여 고개를 들지 못하다(누군가에게 떳떳하지 못하다)'라는 의미에서 '미안하다'의 뜻을 나타내게 되었어요. 이때 가운데 bu는 보통 경성으로 가볍게 발음해요.

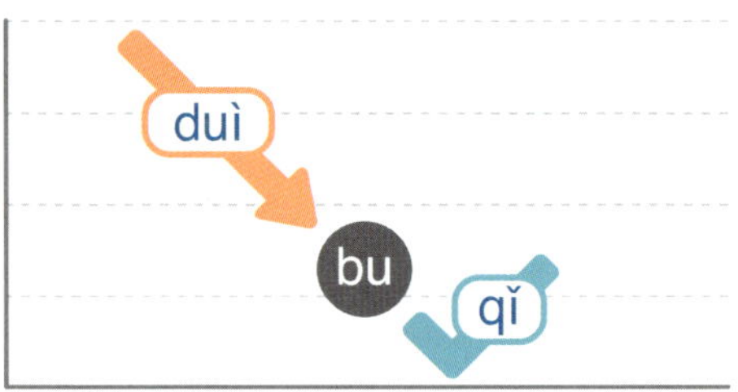

Méi guānxi! 괜찮아!

méi(没)는 뒤에 명사성 낱말과 함께 쓰여 '~이 없다'라는 의미를 나타내요.

Méi shíjiān. 시간이 없어.

Méi yìsi. 재미가 없어.

사과에 대한 대답으로 méi guānxi 외에 méishì 표현도 자주 사용해요. méishì(没事)를 직역하면 '일 없다'라는 뜻으로, 대수롭지 않음을 나타내요.

A : Duìbuqǐ! 미안해!

B : Méishì! 괜찮아! (일 없어!)

shíjiān 时间 시간   yìsi 意思 뜻, 의미, 재미   méishì 没事 괜찮다, 별일 아니다

10 교체 연습

MP3 04-10

1 Xièxie A ! 고마워, ○○○ !

Xièxie	nín!
	dàjiā!

2 Bù(Bú) A . ~하지 않아.

Bù(Bú)	hǎo.
	kàn.

3 Méi A . ~이 없어.

Méi	shíjiān.
	yìsi.

① Xièxie!

② Xièxie nǐ!

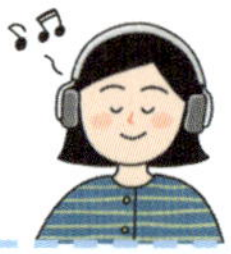

③ Xièxie lǎoshī!

④ Bú kèqi!

① Duìbuqǐ!

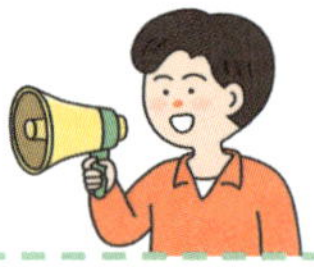

② Bù hǎoyìsi!

③ Méi guānxi!

④ Méishì!

스스로 말하기

단어의 확장을 통해 완전한 중국어 문장을 말해 보세요.

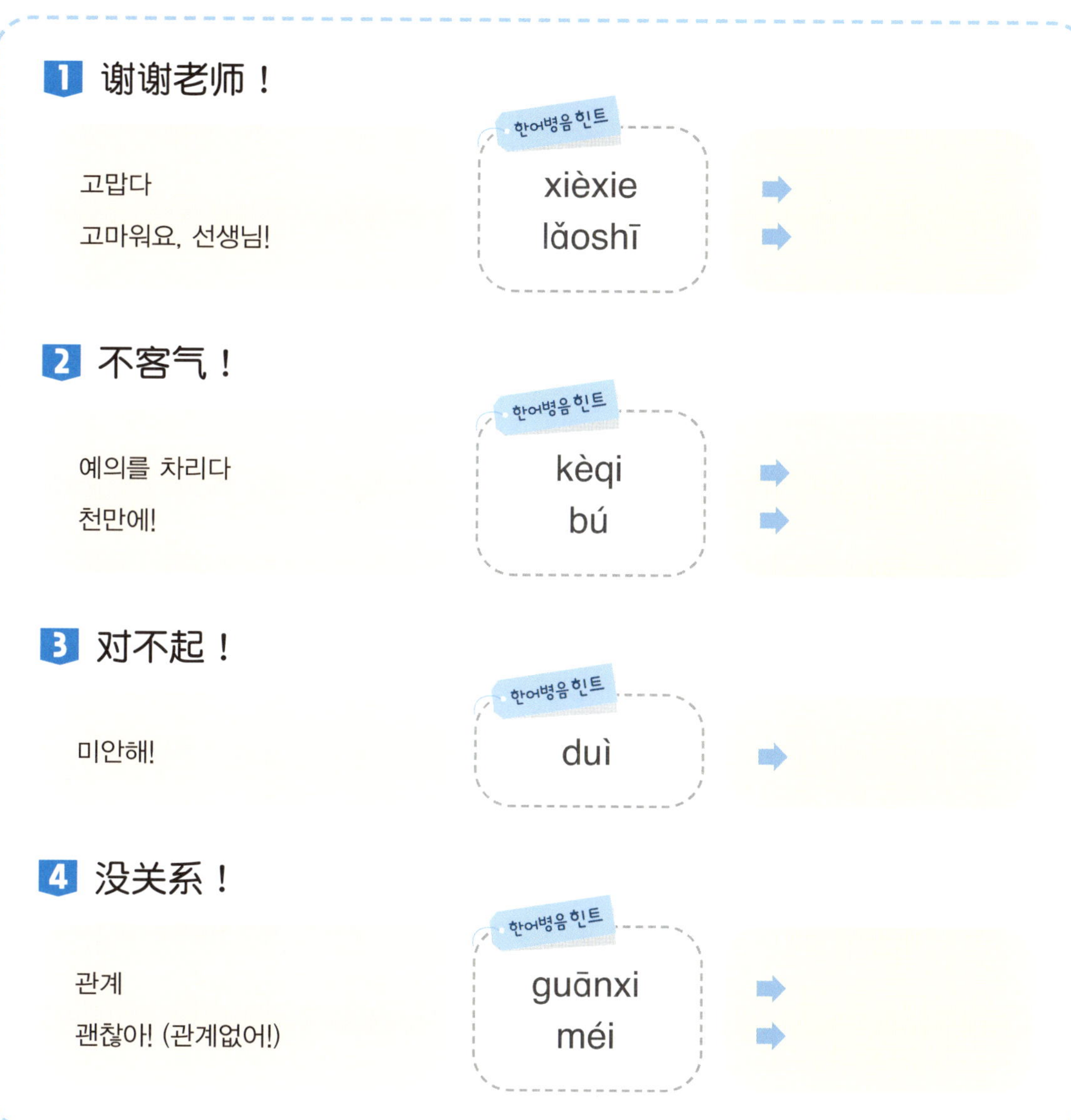

1 녹음을 듣고 발음에 주의하며 따라 읽어 보세요. MP3 04-12

> xièxie   bù   kèqi   duìbuqǐ   méi   guānxi

2 녹음을 듣고 빈칸에 알맞은 한어병음을 적어 보세요. MP3 04-13

❶ _________ xie!

❷ _________ kèqi!

❸ Duìbu _________ !

❹ _________ guānxi!

3 녹음을 듣고 한어병음이 잘못된 곳을 찾아 바르게 적어 보세요. MP3 04-14

> 예 Xiàxie!   (Xiè   )

❶ Xièxie níng!   (   )

❷ Bó kèqi!   (   )

❸ Bù hǎoyìxi!   (   )

❹ Méi quānxi!   (   )

연습 문제

4 단어의 뜻을 보고 알맞은 한어병음과 연결해 보세요.

고맙다　　　●　　　　　●　bù

〜않다　　　●　　　　　●　duìbuqǐ

예의를 차리다　●　　　　　●　guānxi

미안하다　　●　　　　　●　kèqi

없다　　　　●　　　　　●　xièxie

관계　　　　●　　　　　●　méi

5 한어병음을 바르게 배열해 문장을 완성해 보세요.

❶　x　x　ie　iè　!

___________________________ 고마워!

❷　qi　kè　bú　!

___________________________ 천만에!

❸　qǐ　duì　bu　!

___________________________ 미안해!

❹　guān　méi　xi　!

___________________________ 괜찮아!

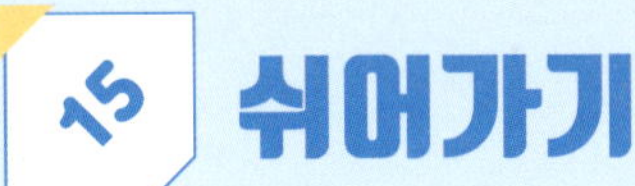

내가 좋아하는 취미는?

读书 **dú shū**  책을 읽다	听音乐 **tīng yīnyuè**  음악을 듣다	看电影 **kàn diànyǐng**  영화를 보다
看电视 **kàn diànshì**  티비를 보다	玩儿游戏 **wánr yóuxì**  게임을 하다	玩儿手机 **wánr shǒujī**  휴대전화로 놀다
去旅行 **qù lǚxíng**  여행을 가다	跑步 **pǎobù**  뛰다	跳绳 **tiàoshéng**  줄넘기하다

📘 플러스 표현

빈칸에 자신의 취미를 넣어 자유롭게 말해 보세요.

Wǒ xǐhuan _________________. 나는 ~하는 것을 좋아해.

5

너는 이름이 뭐야?

Nǐ jiào shénme míngzi?

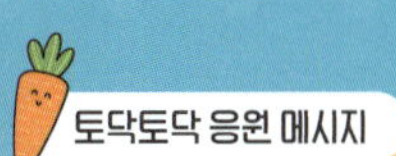
토닥토닥 응원 메시지

부지런함이 서투름을 이겨요!
누구보다 빨라야 하는 것도, 완벽해야 하는 것도
아니에요. 다만, 오늘도 포기하지 않고 한 걸음을
내디뎠다는 사실, 그것만으로도 충분히 잘하고 있
다고 말해 주고 싶어요. 지금의 서투름은 그저 실
력이 올라가는 과정일 뿐이에요.

qín néng bǔ zhuō 勤能补拙
근면은 서투름을 보충해 준다

1 보기에서 알맞은 단어를 골라 빈칸에 적어 보세요.

> **보기**   xièxie   bù   kèqi   duìbuqǐ   méi   guānxi

❶ ～않다   ____________   ❹ 미안하다   ____________

❷ 관계   ____________   ❺ 고맙다   ____________

❸ 예의를 차리다   ____________   ❻ 없다   ____________

2 우리말 뜻에 해당하는 중국어 문장을 한어병음으로 적어 보세요.

❶ 고마워!   _______________________________

❷ 천만에!   _______________________________

❸ 미안해!   _______________________________

❹ 괜찮아!   _______________________________

3 제시된 한어병음과 해당하는 한자를 연결해 보세요.

bù   ●   ●   关系

kèqi   ●   ●   客气

méi   ●   ●   不

guānxi   ●   ●   没

녹음을 들으면서 빈칸에 발음을 우리말로 적어 보세요.   **MP3** 05-01

운모 / 성모	ua	uo	uai	uan	uang	*uei	*uen
g	gua	guo	guai	guan	guang	gui	gun
k	kua	kuo	kuai	kuan	kuang	kui	kun
h	hua	huo	huai	huan	huang	hui	hun

기억하기

1 운모 *uei와 *uen은 성모와 결합 시 중간에 e가 생략된 형태(ui, un)로 표기해요.

2 아래의 운모들은 성모 없이 단독으로 사용될 때 표기법이 달라져요.

(1) 단운모 u는 앞에 w를 붙여 wu로 표기해요.

(2) −u로 시작하는 결합운모는 u를 w로 고쳐 표기해요.

	u	ua	uo	uai	uan	uang	uei	uen
성모 없이 단독 사용	wu	wa	wo	wai	wan	wang	wei	wen

녹음을 들으면서 다양한 유형의 성조 결합을 연습해 보세요.

제1성 MP3 05-02

제2성 MP3 05-03

04 차곡차곡 성조 연습

제3성

dǎkāi

xiǎoshí

lǎobǎn

gǎnmào

ěrduo

zěnme

제4성

bìxū

lǜchá

Hànyǔ

fùjìn

dìfang

màozi

jiào	叫	~로 불리다
shénme	什么	무엇, 무슨
míngzi	名字	이름
wǒ	我	나, 저
shì	是	~이다
nǎ	哪	어느, 어떤
guó	国	나라
rén	人	사람
Zhōngguó	中国	중국(중화인민공화국)

MP3 05-07

정현과 리하이가 이름과 국적에 대해 대화하고 있습니다.

你叫什么名字?
정현 **Nǐ jiào shénme míngzi?**

我叫李海。
리하이 **Wǒ jiào Lǐ Hǎi.**

你是哪国人?
정현 **Nǐ shì nǎ guó rén?**

我是中国人。
리하이 **Wǒ shì Zhōngguórén.**

이름과 국적

你叫什么名字?

Nǐ jiào shénme míngzi?

너는 이름이 뭐야?

격식을 차려야 하는 상황에서는 성씨를 높여 부르는 말 '(guìxìng)贵姓'을 사용해서 정중하게 이름을 물어볼 수 있어요.

Nín guìxìng? 존함이 어떻게 되십니까?

我叫李海。

Wǒ jiào Lǐ Hǎi.

나는 리하이라고 해. (나는 리하이로 불려.)

이름을 한어병음으로 표기할 때는 성과 이름 사이를 띄어 쓰고, 첫 글자를 각각 대문자로 적어요.

你是哪国人?

Nǐ shì nǎ guó rén?

너는 어느 나라 사람이야?

我是中国人。

Wǒ shì Zhōngguórén.

나는 중국 사람이야.

나라명, 도시명과 같은 고유명사는 첫 글자를 대문자로 적어요

어법

Nǐ jiào shénme míngzi? 너는 이름이 뭐야?

shénme(什么)는 '무엇', '무슨'이라는 의미로 문장에서 의문을 나타내요.
뒤에 명사가 함께 쓰이면 '무슨 ～'라는 뜻이 돼요.

Nǐ jiào shénme míngzi? 너는 무슨 이름으로 불리니? (=너는 이름이 뭐야?)

Zhè shì shénme shū? 이것은 무슨 책이야?

shénme(什么)는 뒤에 명사 없이 단독으로도 사용이 가능해요.

Zhè shì shénme? 이것은 뭐야?

Shénme? 뭐라고?

Wǒ jiào Lǐ Hǎi. 나는 리하이라고 해.

jiào(叫)는 '～로 불리다'는 의미로 이름을 묻고 대답할 때 사용해요.

A : **Nǐ jiào shénme míngzi?** 너는 무슨 이름으로 불리니? (=너는 이름이 뭐야?)
B : **Wǒ jiào Piáo Zhēnxuàn.** 나는 박정현으로 불려. (=나는 박정현이라고 해.)

자신의 이름을 말할 때 '성이 ～이다'라는 의미의 동사 xìng(姓)을 사용해서,
성과 이름을 따로 말할 수도 있어요.

Wǒ xìng Piáo, jiào Zhēnxuàn. 나는 성이 박이고, 이름은 정현이야.

단어 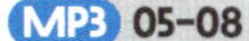 **MP3 05-08**

zhè 这 이(것), 이 사람   shū 书 책   xìng 姓 성이 ～이다

Nǐ shì nǎ guó rén?   너는 어느 나라 사람이야?

nǎ(哪)는 '어느', '어떤'이라는 의미로 의문을 나타내요. nǎ(哪)를 사용해서 질문하면 상대는
특정 대상을 명확하게 가리키며 대답해요.

A : Nǐ yào nǎ běn shū?   너는 어느 책을 원해?

B : Wǒ yào zhè běn shū.   나는 이 책을 원해.

우리말 '책 한 권', '사람 한 명'에서 '권', '명'처럼 대상을 세는 단위를 양사라고 해요.
중국어는 명사를 말할 때 일반적으로 앞에 양사를 함께 써서 말해요.

zhè shū（X）   →   zhè běn shū（O）

Wǒ shì Zhōngguórén.   나는 중국 사람이야.

shì(是)는 '~이다'라는 의미로, 주로 'A + shì + B (A는 B이다)'형태로 쓰여요.
부정형은 '~않다', '~아니다'라는 뜻의 부사 bù(不)를 shì(是) 앞에 함께 써서 표현해요.

Wǒ shì Hánguórén.   나는 한국 사람이야.

Wǒ bú shì Hánguórén.   나는 한국 사람이 아니야.

TIP 不(bù) + 제4성 → 不(bú) + 제4성

긍정	A + shì + B
부정	A + bú shì + B

단어   MP3 05-09

yào 要 원하다   běn 本 권(책을 세는 단위)   Hánguó 韩国 한국   bù 不 ~않다

10 교체 연습

1

A　jiào shénme míngzi?　A는 이름이 뭐야?

Nǐ	jiào shénme míngzi?
Tā	

2

A　jiào　B.　A는 B라고 해.

Wǒ	jiào	Piáo Zhēnxuàn.
Tā		Lǐ Hǎi.

3

A　shì / bú shì　B.　A는 B야. / A는 B가 아니야.

Wǒ	shì / bú shì	Hánguórén.
		Zhōngguórén.

1 Nǐ jiào shénme míngzi?

2 Wǒ jiào Lǐ Hǎi.

3 Tā jiào shénme míngzi?

4 Tā jiào Piáo Zhēnxuàn.

1 Nǐmen shì nǎ guó rén?

2 Wǒmen shì Zhōngguórén.

3 Tāmen shì nǎ guó rén?

4 Tāmen shì Hánguórén.

스스로 말하기

단어의 확장을 통해 완전한 중국어 문장을 말해 보세요.

1 你叫什么名字?

~로 불리다

뭐라고 불리니?

무슨 이름으로 불리니?

너는 무슨 이름으로 불리니?

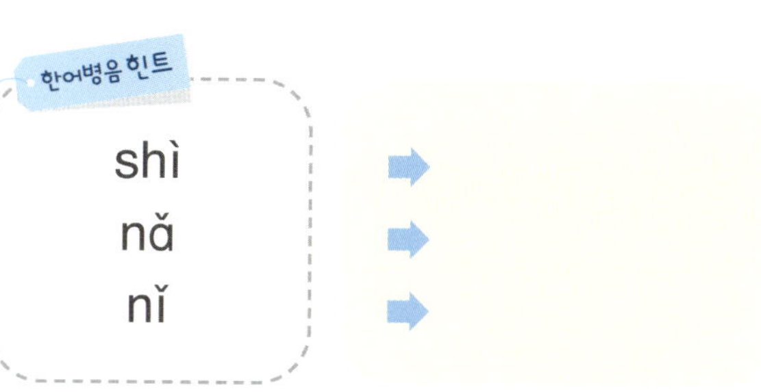

2 我叫李海。

~로 불리다

리하이로 불리다

나는 리하이라고 해.

3 你是哪国人?

~이다

어느 나라 사람이니?

너는 어느 나라 사람이니?

4 我是中国人。

~이다

중국 사람이다

나는 중국 사람이야.

1 녹음을 듣고 발음에 주의하며 따라 읽어 보세요.　MP3 05-12

> jiào　shénme　míngzi　shì　nǎ　guó　rén　Zhōngguó

2 녹음을 듣고 빈칸에 알맞은 한어병음을 적어 보세요.　MP3 05-13

❶　Nǐ jiào ___________ míngzi?

❷　_______ jiào Lǐ Hǎi.

❸　Nǐ shì _______ guó rén?

❹　Wǒ shì ___________ rén.

3 녹음을 듣고 한어병음이 잘못된 곳을 찾아 바르게 적어 보세요.　MP3 05-14

> 예　Nǐ jiào shénme níngzi?　　(míngzi)

❶　Wǔ jiào Piáo Zhēnxuàn.　　(　　　　　　)

❷　Chè shì shénme?　　(　　　　　　)

❸　Wǒ bù shì Hánguórén.　　(　　　　　　)

❹　Nǐ yào mǎ běn shū?　　(　　　　　　)

연습 문제

4 단어의 뜻을 보고 알맞은 한어병음과 연결해 보세요.

무엇, 무슨 ●	● rén
이름 ●	● shénme
~이다 ●	● guó
어느, 어떤 ●	● míngzi
나라 ●	● nǎ
사람 ●	● shì

5 단어를 바르게 배열해 문장을 완성해 보세요.

❶ shénme · jiào · nǐ · míngzi ?

____

너는 이름이 뭐야?

❷ Lǐ Hǎi · jiào · wǒ .

____

나는 리하이라고 해.

❸ nǎ · shì · rén · guó · nǐ ?

____

너는 어느 나라 사람이야?

❹ Zhōngguó · shì · wǒ · rén .

____

나는 중국 사람이야.

MP3 05-15

내가 가고 싶은 나라는?

韩国
Hánguó

한국

中国
Zhōngguó

중국

日本
Rìběn

일본

美国
Měiguó

미국

英国
Yīngguó

영국

德国
Déguó

독일

法国
Fǎguó

프랑스

意大利
Yìdàlì

이탈리아

加拿大
Jiānádà

캐나다

플러스 표현

빈칸에 자신이 가고 싶은 나라명을 넣어 자유롭게 말해 보세요.

Wǒ xiǎng qù ________________.　나는 ~에 가고 싶어.

6

만나서 반가워.

Rènshi nǐ hěn gāoxìng.

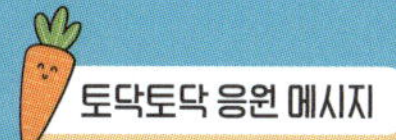

끝까지 한번 가 보는 거예요!

벌써 교재의 절반을 넘어섰어요. 하지만 아직도 발음이 낯설고 성조가 헷갈리신다고요? 실수하고 틀리는 건 기초 과정을 잘 해내고 있다는 증거예요. 실패해도 다시 일어나 계속하는 마음만 있다면 실력은 자연스럽게 향상될 수 있어요!

bǎi zhé bù náo 百折不挠
수 없이 실패해도 포기하지 않는다

1 보기에서 알맞은 단어를 골라 빈칸에 적어 보세요.

> **보기** jiào   shénme   míngzi   wǒ   shì
> nǎ   guó   rén   Zhōngguó

❶ ～라고 불리다 [____]   ❹ 이름 [____]

❷ 어느, 어떤 [____]   ❺ 사람 [____]

❸ ～이다 [____]   ❻ 무엇, 무슨 [____]

2 우리말 뜻에 해당하는 중국어 문장을 한어병음으로 적어 보세요.

❶ 너는 이름이 뭐야?   _______________

❷ 나는 리하이라고 해.   _______________

❸ 너는 어느 나라 사람이야?   _______________

❹ 나는 중국 사람이야.   _______________

3 제시된 한어병음과 해당하는 한자를 연결해 보세요.

jiào   ●   ● 是

shénme   ●   ● 什么

shì   ●   ● 中国

Zhōngguó   ●   ● 叫

02 차곡차곡 발음 연습

녹음을 들으면서 빈칸에 발음을 우리말로 적어 보세요. **MP3 06-01**

운모 / 성모	i	ia	*ie	iao	*iou
j	ji	jia	jie	jiao	jiu
q	qi	qia	qie	qiao	qiu
x	xi	xia	xie	xiao	xiu

기억하기

1 결합 운모 *ie, ei에서 e는 [으어]로 발음하지 않고 [에]로 발음해요.

2 운모 *iou는 성모와 결합 시 o를 생략하고 –iu로만 표기하는데, 성조 부호는 뒤쪽 u에 표기해요.

> 예 qiū, xiū

3 아래의 운모들은 성모 없이 단독으로 사용될 때 표기법이 달라져요.

	i	ia	ie	iou
성모 없이 단독 사용	yi	ya	ye	you

녹음을 들으면서 다양한 유형의 성조 결합을 연습해 보세요.

MP3 06-02

차곡차곡 성조 연습

∨ ∨ ➡ ╱ ∨
huǒchē
jiǎnchá
shuǐguǒ
kě'ài
nǐmen
chǐzi

dàngāo
jìjié
xià xuě
shuìjiào
piàoliang
zhàngfu

zhè	这	이(것), 이 사람
shéi	谁	누구
de	的	~의
péngyou	朋友	친구
rènshi	认识	알다
hěn	很	아주, 매우
gāoxìng	高兴	기쁘다
yě	也	~도, 역시

리하이가 정현에게 친구 팅팅을 소개하고 있습니다.

这是谁?

정현 Zhè shì shéi?

是我的朋友, 婷婷。

리하이 Shì wǒ de péngyou, Tíngting.

认识你很高兴。

정현 Rènshi nǐ hěn gāoxìng.

我也很高兴。

팅팅 Wǒ yě hěn gāoxìng.

소개와 만남

这是谁?

Zhè shì shéi?

이 사람은 누구야?

是我的朋友, 婷婷。

Shì wǒ de péngyou, Tíngting.

나의 친구 팅팅이야.

认识你很高兴。

Rènshi nǐ hěn gāoxìng.

만나서 반가워. (너를 알게 되어서 기뻐.)

我也很高兴。

Wǒ yě hěn gāoxìng.

나도 반가워. (나도 기뻐.)

zhè(这)는 사람과 사물을 모두 가리킬 수 있어요. 사람을 정중하게 가리킬 때는 '이 분'을 뜻하는 zhè wèi(这位)를 사용해요.

Zhè wèi shì shéi? 이 분은 누구십니까?

말하는 이와 상대가 모두 알고 있는 상황에서는 주어를 생략하고 말할 수 있어요.

문장을 직역하면 '너를 알게 되어서 기뻐.'이지만 자연스럽게 '만나서 반가워.'정도로 해석할 수 있어요. 'Hěn gāoxìng rènshi nǐ.'라고 말하기도 해요.

제3성이 연이어 나올 때는 앞에 있는 제3성들을 제2성으로 바꿔 발음하고 마지막에 위치한 제3성은 원래 성조를 유지해요.

→ Wó yé hěn gāoxìng.

Zhè shì shéi? 이 사람은 누구야?

zhè(这)는 말하는 이에서 가까이 있는 대상을 가리켜요. 멀리 있는 대상을 가리킬 때는 '저(그), 저(그) 사람'을 의미하는 nà(那)를 사용해요.

Nà shì shéi? 저(그) 사람은 누구야?

shéi(谁)는 '누구'라는 뜻의 의문사로, 사람을 물어볼 때 사용해요.

Nǐ shì shéi? 너는 누구야?

Tā shì shéi? 그(녀)는 누구야?

Shì wǒ de péngyou, Tíngting. 나의 친구 팅팅이야.

de(的)는 '~의'라는 뜻으로 소유나 소속을 나타내며, 뒤에 오는 명사를 꾸며주는 역할을 해요.

Zhè shì wǒ de shǒujī. 이것은 나의 휴대전화야.

Nà shì tā de shū. 저(그)것은 그(녀)의 책이야.

가족, 친구, 소속 등을 말할 때는 de(的)를 생략하고 말할 수 있어요.

Tā shì wǒ (de) gēge. 그는 나의 형(오빠)이야.

단어 MP3 06-08

nà 那 저(그), 저(그) 사람   shǒujī 手机 휴대전화   shū 书 책   gēge 哥哥 형, 오빠

Rènshi nǐ hěn gāoxìng. 만나서 반가워.

중국어는 상태를 표현할 때 보통 형용사를 단독으로 말하지 않고 습관적으로 앞에 hěn(很)을 붙여 말해요.

Rènshi nǐ gāoxìng. (×) → Rènshi nǐ hěn gāoxìng.

hěn(很)은 '아주', '매우'라는 뜻을 가지고 있어요. 하지만 일상 회화에서 습관적으로 쓰이며 가볍게 발음될 때 강조의 의미를 나타내지 않는 경우가 많아요.

Wǒ hěn hǎo. 나는 좋아. (잘 지내.)

Nǐ hěn piàoliang. 너는 예뻐.

Wǒ yě hěn gāoxìng. 나도 반가워.

yě(也)는 주어 뒤, 동사나 형용사 앞에 쓰여 '~도', '~역시'라는 의미를 나타내요.

Wǒ yě hěn hǎo. 나도 좋아. (나도 잘 지내.)

Nǐ yě hěn piàoliang. 너도 예뻐.

Tā yě hěn máng. 그(녀)도 바빠.

 단어

 **MP3** 06-09

hǎo 好 좋다, 안녕하다   piàoliang 漂亮 예쁘다   máng 忙 바쁘다

10 교체 연습

MP3 06-10

1 A shì shéi? A는 누구야?

Zhè	shì shéi?
Nà	

2 A hěn B. A는 B해.

Wǒ	hěn	hǎo.
Tā		máng.

3 A yě B. A도 B해.

Wǒmen	yě	hěn hǎo.
Tāmen		hěn máng.

❶ Nǐ shì shéi?

❷ Tā shì shéi?

❸ Zhè shì wǒ de shǒujī.

❹ Nà shì tā de shū.

❶ Rènshi nǐ hěn gāoxìng.

❷ Wǒ yě hěn gāoxìng.

❸ Nǐ hěn piàoliang.

❹ Tā yě hěn piàoliang.

단어의 확장을 통해 완전한 중국어 문장을 말해 보세요.

1 这是谁?

누구?
누구야?
이 사람은 누구야?

2 是我的朋友, 婷婷。

친구
나의 친구
나의 친구이다
나의 친구 팅팅이야.

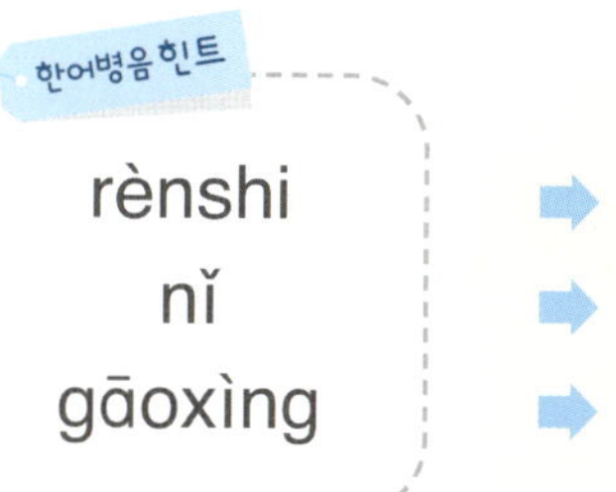

3 认识你很高兴。

알다
너를 알다
너를 알게 되어서 기뻐.

4 我也很高兴。

기쁘다
나는 기쁘다
나도 기뻐.

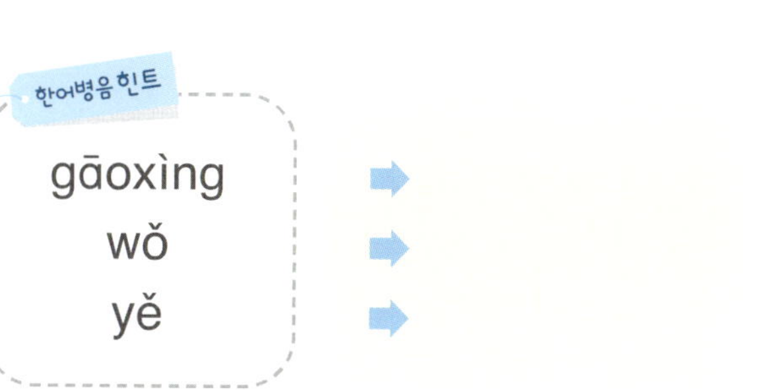

1 녹음을 듣고 발음에 주의하며 따라 읽어 보세요.　　MP3 06-12

> zhè　shéi　de　péngyou　rènshi　hěn　gāoxìng　yě

2 녹음을 듣고 빈칸에 알맞은 한어병음을 적어 보세요.　　MP3 06-13

❶ Zhè shì ＿＿＿＿＿＿ ?

❷ Shì wǒ ＿＿＿＿＿＿ péngyou, Tíngting.

❸ ＿＿＿＿＿＿ nǐ hěn gāoxìng.

❹ Wǒ ＿＿＿＿＿＿ hěn gāoxìng.

3 녹음을 듣고 한어병음이 잘못된 곳을 찾아 바르게 적어 보세요.　　MP3 06-14

> 예　Zhè shì shuéi?　　　　（　shéi　）

❶ Ní shì shéi?　　　　（　　　　）

❷ Nà shì tā dé shū.　　　（　　　　）

❸ Wǒ hěn kǎo.　　　　（　　　　）

❹ Tā yǐ hěn máng.　　　（　　　　）

연습 문제

4 단어의 뜻을 보고 알맞은 한어병음과 연결해 보세요.

이(것), 이 사람 ●　　　　　● hěn

누구 ●　　　　　● rènshi

~의 ●　　　　　● yě

알다 ●　　　　　● zhè

아주, 매우 ●　　　　　● de

~도, 역시 ●　　　　　● shéi

5 단어를 바르게 배열해 문장을 완성해 보세요.

❶ shì｜shéi｜zhè ?

__________________________ 이 사람은 누구야?

❷ de｜shì｜péngyou,｜wǒ Tíngting.

__________________________ 나의 친구 팅팅이야.

❸ hěn｜rènshi｜gāoxìng｜nǐ .

__________________________ 만나서 반가워.

❹ gāoxìng｜yě｜hěn｜wǒ .

__________________________ 나도 반가워.

오늘의 날씨는?

暖和
nuǎnhuo

따뜻하다

热
rè

덥다

凉快
liángkuai

시원하다

冷
lěng

춥다

干燥
gānzào

건조하다

潮湿
cháoshī

습하다

✏️ 플러스 표현

빈칸에 날씨를 나타내는 낱말을 넣어 자유롭게 말해 보세요.

Jīntiān tiānqì hěn ________________. 오늘 날씨는 ~해.

7

너는 형이 있어?

Nǐ yǒu gēge ma?

고생 끝에 낙이 와요!
고생이 끝나면 반드시 달콤한 날이 찾아온다는 말처럼, 오늘의 공부는 절대 헛되지 않아요. 바쁜 일상에서도 교재를 펼쳤다는 것, 그것만으로도 이미 충분히 멋진걸요. 조금씩 나아가는 지금의 자신을 믿어 보세요. 내일은 분명, 오늘보다 더 성장해 있을 거예요.

kǔ jìn gān lái 苦尽甘来 고생 끝에 낙이 온다

1 보기에서 알맞은 단어를 골라 빈칸에 적어 보세요.

> **보기**　zhè　shéi　de　péngyou
> rènshi　hěn　gāoxìng　yě

❶ 아주, 매우 ⬚　　❹ ~의 ⬚

❷ 누구 ⬚　　❺ 알다 ⬚

❸ ~도, 역시 ⬚　　❻ 기쁘다 ⬚

2 우리말 뜻에 해당하는 중국어 문장을 한어병음으로 적어 보세요.

❶ 이 사람은 누구야?

❷ 나의 친구 팅팅이야.

❸ 만나서 반가워.

❹ 나도 반가워.

3 제시된 한어병음과 해당하는 한자를 연결해 보세요.

zhè　　　●　　　●　认识

rènshi　　●　　　●　高兴

gāoxìng　●　　　●　这

péngyou　●　　　●　朋友

02 차곡차곡 발음 연습

녹음을 들으면서 빈칸에 발음을 우리말로 적어 보세요.　　`MP3 07-01`

성모 \ 운모	*ian	iang	iong	in	ing
j	jian	jiang	jiong	jin	jing
q	qian	qiang	qiong	qin	qing
x	xian	xiang	xiong	xin	xing

기억하기

1 운모 a는 보통 [아]로 발음하지만, 결합 운모 *ian의 a는 예외적으로 [에]로 발음해요.

　　예　jiàn **찌엔**,　xián **씨엔**

2 아래의 운모들은 성모 없이 단독으로 사용될 때 표기법이 달라져요.

(1) i로 시작하는 결합운모는 i를 y로 고쳐 표기해요.
(2) 운모 in, ing은 앞에 y를 붙여 yin, ying으로 표기해요.

	ian	iang	iong	in	ing
성모 없이 단독 사용	yan	yang	yong	yin	ying

녹음을 들으면서 다양한 유형의 성조 결합을 연습해 보세요.

제1성 MP3 07-02

제2성 MP3 07-03

차곡차곡 성조 연습

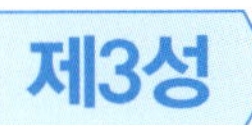 제3성

∨∨ ➜ ╱∨

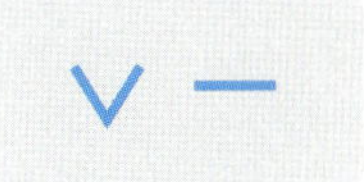

dǎzhēn

nǎichá

hǎojiǔ

tǐyù

nuǎnhuo

yǐzi

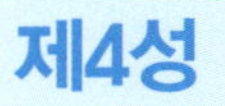 제4성

fàngxīn

shìhé

Rìběn

zhàopiàn

gàosu

mèimei

 07-06

yǒu	有	있다
gēge	哥哥	형, 오빠
ma	吗	～입니까?
méiyǒu	没有	없다
yī	一	1, 하나
gè(ge)	个	명, 개(사람이나 사물을 세는 단위)
dìdi	弟弟	남동생
tā	他	그
duō	多	많다, 얼마나
dà	大	크다
jīnnián	今年	올해
shíjiǔ	十九	19, 열아홉
suì	岁	살, 세

06 회화

정현과 리하이가 가족과 나이에 대해 대화하고 있습니다.

你有哥哥吗?

정현 Nǐ yǒu gēge ma?

没有，我有一个弟弟。

리하이 Méiyǒu, wǒ yǒu yí gè dìdi.

他多大?

정현 Tā duō dà?

今年十九岁。

리하이 Jīnnián shíjiǔ suì.

가족과 나이

你有哥哥吗?

Nǐ yǒu gēge ma?

너는 형이 있어?

gēge(哥哥)는 손위 남자 형제(형, 오빠)를 모두 가리켜요. 손위 여자 형제(누나, 언니)는 jiějie(姐姐)라고 불러요.

没有，我有一个弟弟。

Méiyǒu, wǒ yǒu yí gè dìdi.

없어, 나는 남동생이 한 명 있어.

méiyǒu(没有)는 yǒu(有)의 반대말이에요. 앞서 배운 méi(没)와 동일하게 '없다'라는 부정의 뜻을 나타내요.

他多大?

Tā duō dà?

그는 몇 살이야?

'나이가 많다'를 중국어에서는 '나이가 크다'라고 표현해요. duō dà?(多大?)는 직역하면 '(나이 숫자가) 얼마나 크니?'라는 뜻으로, 우리말 '몇 살이니?'에 해당해요.

今年十九岁。

Jīnnián shíjiǔ suì.

올해 19살이야.

나이, 시간, 날짜, 요일 등의 명사는 동사 shì(是)가 없어도 그 자체로 '~이다'라는 뜻을 나타낼 수 있어요.

어법

Nǐ yǒu gēge ma? 너는 형이 있어?

평서문 끝에 ma(吗)를 붙이면 의문문으로 바뀌어요.

Nǐ yǒu gēge.   너는 오빠가(형이) 있어.

Nǐ yǒu gēge ma?   너 오빠가(형이) 있어?

'yǒu ~ ma?' 구문을 통해 상대가 가지고 있는 것을 물어볼 수 있어요.

Nǐ yǒu qián ma?   너 돈 있어?

Nǐ yǒu shíjiān ma?   너 시간 있어?

~이 있어? yǒu……ma?

Méiyǒu, wǒ yǒu yí gè dìdi. 없어, 나는 남동생이 한 명 있어.

gè(个)는 사람이나 사물을 셀 때 쓰는 양사로, 경성(ge)으로 가볍게 발음되기도 해요.
중국어에서 명사의 수를 말할 때는 일반적으로 '수사 + 양사 + 명사' 구조로 표현해요.

yí   gè   gēge   오빠(형) 한 명
수사 양사 명사

> **TIP** 숫자 1(一)은 원래 제1성(yī)이지만 뒤에 제4성이 오면
> 제2성(yí)으로 바꾸어 발음해요.
> 一(yī) + 제4성 → 一(yí) + 제4성

숫자 2는 èr(二)이지만, 두 명을 말할 때는 èr(二) 대신 liǎng(两)으로 바꿔 말해요.

liǎng gè gēge   오빠(형) 두 명

단어   **MP3** 07-08

qián 钱 돈   shíjiān 时间 시간   liǎng 两 2, 둘

Tā duō dà? 그는 몇 살이야?

duō(多)는 기본적으로 '많다'라는 의미를 나타내요.

Rén hěn duō. 사람이 많아.

하지만 뒤에 형용사와 함께 쓰이는 경우 '얼마나 ~해?'라는 뜻의 의문을 나타낼 수 있어요.

Nǐ duō gāo? 너는 (키가) 얼마나 커?

Nǐ duō zhòng? 너는 (몸무게가) 얼마나 무거워?

얼마나 ~해? duō + 형용사?

연세가 많은 어르신에게 나이를 여쭐 때는 뒤에 niánjì(年纪)를 붙여 말해요.

Nín duō dà niánjì? 당신은 연세가 어떻게 되십니까?

Jīnnián shíjiǔ suì. 올해 19살이야.

중국어의 두 자리 수 읽는 방법은 우리말과 같아요.

1	2	3	4	5	6	7	8	9	10
yī	èr	sān	sì	wǔ	liù	qī	bā	jiǔ	shí

19		45			87		
십 shí	구 jiǔ	사 sì	십 shí	오 wǔ	팔 bā	십 shí	칠 qī

단어 MP3 07-09

gāo 高 높다, (키가) 크다 **zhòng** 重 무겁다 **niánjì** 年纪 연령, 나이

1

A　yǒu　B　ma?　A는 B가 있어?

| Nǐ | | gēge | |
| Tā | yǒu | dìdi | ma? |

2

A　yǒu　B　dìdi.　A는 B(~명)의 남동생이 있어.

| Wǒ | | yí gè | |
| Tā | yǒu | liǎng gè | dìdi. |

3

A　duō　B　?　A는 얼마나 B해?

| Nǐ | | gāo? |
| Tā | duō | zhòng? |

❶ Nǐ yǒu gēge ma?

❷ Wǒ yǒu yí gè gēge.

❸ Nǐ yǒu dìdi ma?

❹ Wǒ yǒu liǎng gè dìdi.

❶ Tā duō dà?

❷ Jīnnián shíjiǔ suì.

❸ Nín duō dà niánjì?

❹ Jīnnián bāshí suì.

단어의 확장을 통해 완전한 중국어 문장을 말해 보세요.

1 你有哥哥吗?

있다	yǒu
오빠가(형이) 있다	gēge
오빠가(형이) 있어?	ma
너 오빠가(형이) 있어?	nǐ

2 我有一个弟弟。

있다	yǒu
남동생이 있다	dìdi
남동생이 한 명 있다	yí gè
나는 남동생이 한 명 있어.	wǒ

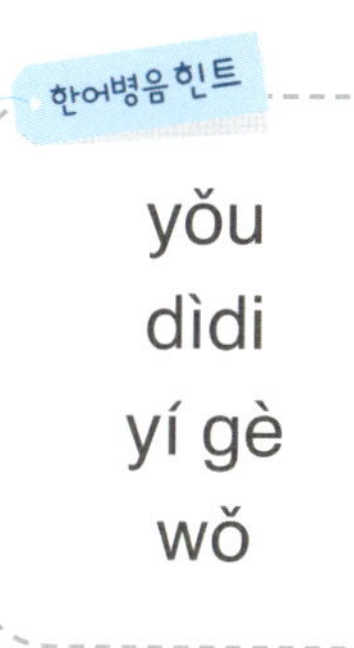

3 他多大?

(나이가) 많다	dà
나이가 얼마나 많니?	duō
그는 나이가 얼마나 많니?	tā

4 今年十九岁。

19	shíjiǔ
19살	suì
올해 19살이야.	jīnnián

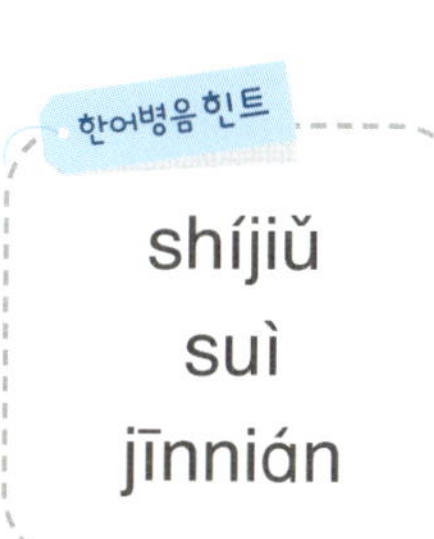

연습 문제

1 녹음을 듣고 발음에 주의하며 따라 읽어 보세요. **MP3** 07-12

> yǒu　　gēge　　ma　　méiyǒu　　yī　　gè　　dìdi
> tā　　duō　　dà　　jīnnián　　shíjiǔ　　suì

2 녹음을 듣고 빈칸에 알맞은 한어병음을 적어 보세요. **MP3** 07-13

❶ Nǐ yǒu gēge ＿＿＿＿？

❷ ＿＿＿＿＿＿, wǒ yǒu yí ＿＿＿＿ dìdi.

❸ Tā ＿＿＿＿＿ dà?

❹ ＿＿＿＿＿＿＿ shíjiǔ suì.

3 녹음을 듣고 한어병음이 잘못된 곳을 찾아 바르게 적어 보세요. **MP3** 07-14

> 예　Nǐ yǒu gēge <u>me</u>?　　　（　ma　）

❶ Nǐ yǒu shéjiān ma?　　　（　　　）

❷ Nǐ duō zhùng?　　　（　　　）

❸ Nín duō dà niénjì?　　　（　　　）

❹ Jīnnián shíjiǔ sueì.　　　（　　　）

연습 문제

4 단어의 뜻을 보고 알맞은 한어병음과 연결해 보세요.

있다   ●　　　　　　　　● ma

~입니까? ●　　　　　　　　● duō

명, 개   ●　　　　　　　　● gè(ge)

많다, 얼마나 ●　　　　　　　　● yǒu

올해   ●　　　　　　　　● suì

살, 세   ●　　　　　　　　● jīnnián

5 단어를 바르게 배열해 문장을 완성해 보세요.

❶ yǒu   nǐ   ma   gēge ?

______________________________ 너는 형이 있어?

❷ wǒ   dìdi   yí gè   méiyǒu,   yǒu .

______________________________ 없어, 나는 남동생이 한 명 있어.

❸ dà   duō   tā ?

______________________________ 그는 몇 살이야?

❹ jīnnián   suì   shíjiǔ .

______________________________ 올해 19살이야.

15 쉬어가기

MP3 07-15

가족 구성원 명칭

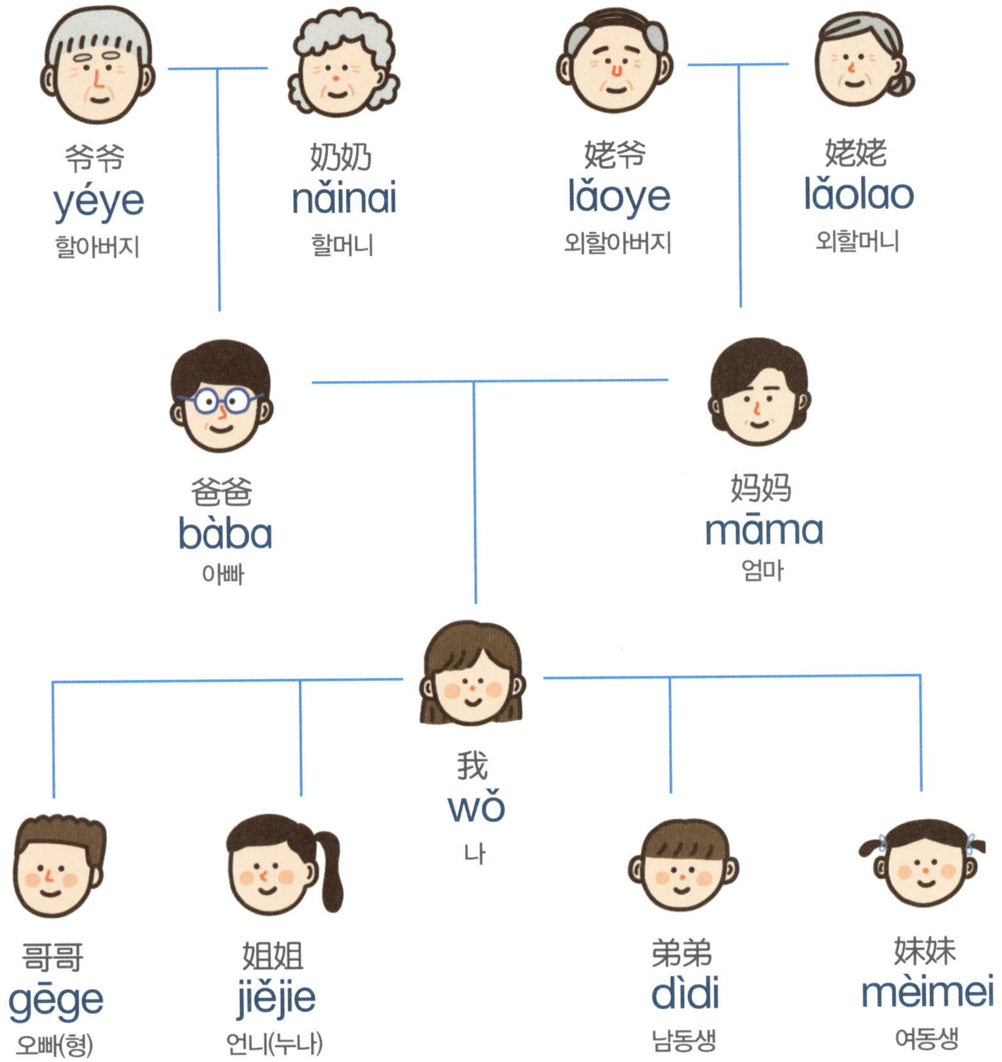

爷爷
yéye
할아버지
奶奶
nǎinai
할머니
姥爷
lǎoye
외할아버지
姥姥
lǎolao
외할머니
爸爸
bàba
아빠
妈妈
māma
엄마
我
wǒ
나
哥哥
gēge
오빠(형)
姐姐
jiějie
언니(누나)
弟弟
dìdi
남동생
妹妹
mèimei
여동생

8

오늘은 수요일이야.

Jīntiān xīngqīsān.

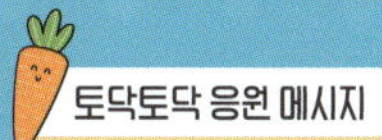
토닥토닥 응원 메시지

분명 나날이 발전하고 있어요!
작은 노력이 매일 쌓이면 결국 눈부신 결과로 이어지게 마련이에요. 오늘 공부한 단어 하나, 문장 하나가 지금은 별것 아닌 것 같지만 계속해 나가다 보면 어느새 중국어 기초를 마스터하는 날이 올 거예요. 외국어 공부는 절대 하루이틀 짧은 시간에 완성될 수 없어요. 어제보다 더 성장한 자신에게 충분히 칭찬해 주세요.

zhēng zhēng rì shàng 蒸蒸日上
나날이 발전하다

1 보기에서 알맞은 단어를 골라 빈칸에 적어 보세요.

> 보기
> yǒu gēge ma méiyǒu yī gè(ge)
> dìdi tā duō dà jīnnián shíjiǔ suì

1 없다

2 많다, 얼마나

3 세, 살

4 형, 오빠

5 크다

6 명, 개

2 우리말 뜻에 해당하는 중국어 문장을 한어병음으로 적어 보세요.

1 너는 형이 있어?

2 없어, 나는 남동생이 한 명 있어.

3 그는 몇 살이야?

4 올해 19살이야.

3 제시된 한어병음과 해당하는 한자를 연결해 보세요.

yǒu •   • 个

ma •   • 多

gè(ge) •   • 有

duō •   • 吗

02 차곡차곡 발음 연습

녹음을 들으면서 빈칸에 발음을 우리말로 적어 보세요.　　　　MP3 08-01

성모 \ 운모	*üan	üe	ün
j	juan	jue	jun
q	quan	que	qun
x	xuan	xue	xun

기억하기

1 운모 a는 보통 [아]로 발음하지만, 결합 운모 *üan의 a는 예외적으로 [에]로 발음해요.

2 ü로 시작하는 결합 운모가 성모 j, q, x와 결합하면 ü의 두 점을 생략하고 표기해요.

> 예　juàn 쥐엔, què 취에, xún 쒼

3 ü로 시작하는 결합 운모가 성모 없이 단독으로 사용될 때는 ü를 yu로 바꾸어 표기해요.

	üan	üe	ün
성모 없이 단독 사용	yuan	yue	yun

차곡차곡 성조 연습

녹음을 들으면서 다양한 유형의 성조 결합을 연습해 보세요.

제1성

MP3 08-02

제2성

MP3 08-03

 차곡차곡 성조 연습

제3성

MP3 08-04

$$\vee\vee \rightarrow \diagup\vee$$

hǎochī

jiějué

lěngshuǐ

hǎokàn

wǒmen

yǎnjing

제4성

MP3 08-05

càidān

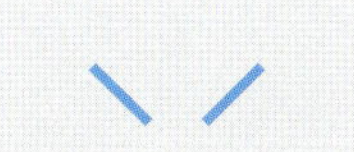

bàomíng

tiàowǔ

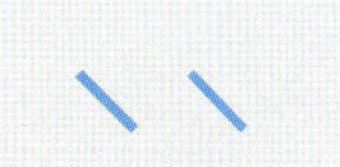

kuàilè

kuàizi

rènshi

 MP3 08-06

jīntiān	今天	오늘
xīngqī	星期	요일, 주
jǐ	几	몇
xīngqīsān	星期三	수요일
míngtiān	明天	내일
yuè	月	달, 월
hào	号	일(日)
wǔ	五	5, 다섯
bā	八	8, 여덟

정현과 리하이가 요일과 날짜에 대해 대화하고 있습니다.

정현
今天星期几?
Jīntiān xīngqī jǐ?

리하이
今天星期三。
Jīntiān xīngqīsān.

정현
明天几月几号?
Míngtiān jǐ yuè jǐ hào?

리하이
明天五月八号。
Míngtiān wǔ yuè bā hào.

요일과 날짜

今天星期几?

Jīntiān xīngqī jǐ?

오늘은 무슨 요일이야?

今天星期三。

Jīntiān xīngqīsān.

오늘은 수요일이야.

明天几月几号?

Míngtiān jǐ yuè jǐ hào?

내일은 몇 월 며칠이야?

明天五月八号。

Míngtiān wǔ yuè bā hào.

내일은 5월 8일이야.

중국어의 요일은 xīngqī(星期) 뒤에 '몇'이라는 뜻의 jǐ(几)를 붙여 물어요.

나이, 시간, 날짜, 요일 등의 명사는 동사 shì(是)가 없어도 그 자체로 '~이다'라는 뜻을 나타낼 수 있어요.

중국어의 날짜도 우리말과 마찬가지로 연, 월, 일 순서로 표현해요.

Jīntiān xīngqī jǐ? 오늘은 무슨 요일이야?

jǐ(几)는 '몇'이라는 뜻의 의문사로, 보통 10 미만으로 예상되는 수를 물을 때 사용해요.

Jǐ gè rén? 몇 명이야? (10명 미만으로 예상되는 경우)

Nǐ jǐ suì? 너 몇 살이야? (10세 미만의 아이에게 나이를 묻는 경우)

의문사가 쓰인 문장에는 일반적으로 문장 끝에 ma(吗)를 중복해서 사용하지 않아요.

Jīntiān xīngqī jǐ ma?（×）

Jīntiān xīngqīsān. 오늘은 수요일이야.

월요일부터 토요일은 xīngqī(星期) 뒤에 숫자(1~6)를 붙여 말하고, 일요일은 xīngqītiān(星期天)또는 xīngqīrì(星期日)라고 말해요.

월요일	화요일	수요일	목요일	금요일	토요일	일요일
xīngqīyī 星期一	xīngqī'èr 星期二	xīngqīsān 星期三	xīngqīsì 星期四	xīngqīwǔ 星期五	xīngqīliù 星期六	❶ xīngqītiān 星期天 ❷ xīngqīrì 星期日

> **TIP** Xī'ān의 발음은 '시안'일까요? '시엔'일까요?
> 정답은 바로 '시안'이에요. Xī'ān을 살펴보면 Xī와 ān 사이에 격음부호(')가 있는데, 이 격음부호는 앞뒤의 음절을 각각 구분해서 발음하라는 뜻이에요. 화요일을 나타내는 xīngqī'èr(星期二)에도 격음부호가 있으니 xīngqī와 èr을 별개로 발음하는 것에 유의하세요.

단어 **MP3** 08-08

gè(ge) 个 명, 개(사람이나 사물을 세는 단위)　　rén 人 사람　　suì 岁 살, 세　　Xī'ān 西安 시안(중국의 도시)

Míngtiān jǐ yuè jǐ hào? 내일은 몇 월 며칠이야?

월은 yuè(月), 일은 hào(号)로 말하며, 앞에 '몇'이라는 뜻의 jǐ(几)를 붙이면 날짜를 물어볼 수 있어요. 이때 hào(号)는 rì(日)로 바꾸어 말할 수도 있어요.

A : Jīntiān jǐ yuè jǐ hào? 오늘은 몇 월 며칠이야?

B : Jīntiān qī yuè shíwǔ hào. 오늘은 7월 15일이야.

　 Jintiān qī yuè shíwǔ rì.

jǐ(几)는 일반적으로 10 미만의 작은 수를 물을 때 사용하지만, 최대 수가 정해져 있는 날짜 (12/31)와 시간(12)의 경우 10 이상의 수를 물을 때도 사용해요.

Míngtiān wǔ yuè bā hào. 내일은 5월 8일이야.

그저께	어제	오늘	내일	모레
qiántiān 前天	zuótiān 昨天	jīntiān 今天	míngtiān 明天	hòutiān 后天

Zuótiān xīngqī'èr. 어제는 화요일이었어.

Hòutiān xīngqīwǔ. 모레는 금요일이야.

> **TIP** 우리말은 '～이다'와 '～이었다'처럼 현재와 과거를 나타내는 단어가 달라요. 하지만 중국어는 이런 구분이 없이 '시간을 나타내는 단어'에 따라 유동적으로 해석돼요.
>
> | Jīntiān fēicháng lěng. | Zuótiān fēicháng lěng. |
> |---|---|
> | 오늘은 아주 추워. | 어제는 아주 추웠어. |

단어　　　　　　　　　　　　　　　　　　　　　　　　　　**MP3** 08-09

qī 七 7, 일곱　　shíwǔ 十五 15, 열다섯　　rì 日 날, 일, 하루　　fēicháng 非常 아주, 매우　　lěng 冷 춥다

1 A xīngqi B . A는 B요일이야.

| Zuótiān | xīngqīsān. |
| Jīntiān | xīngqītiān. |

2 A jǐ yuè jǐ hào? A는 몇 월 며칠이야?

| Jīntiān | jǐ yuè jǐ hào? |
| Míngtiān | |

3 Míngtiān A yuè B hào. 내일은 A월 B일이야.

| Míngtiān | wǔ | yuè | bā | hào. |
| | qī | | shíwǔ | |

① Zuótiān xīngqī jǐ?

② Zuótiān xīngqī'èr.

③ Jīntiān xīngqī jǐ?

④ Jīntiān xīngqīsān.

① Jīntiān jǐ yuè jǐ hào?

② Jīntiān wǔ yuè qī hào.

③ Míngtiān jǐ yuè jǐ hào?

④ Míngtiān wǔ yuè bā hào.

단어의 확장을 통해 완전한 중국어 문장을 말해 보세요.

1 今天星期几?

요일

무슨 요일?

오늘은 무슨 요일이야?

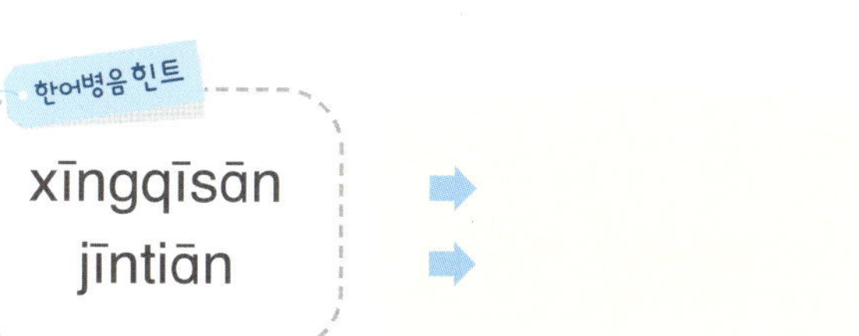

2 今天星期三。

수요일

오늘은 수요일이야.

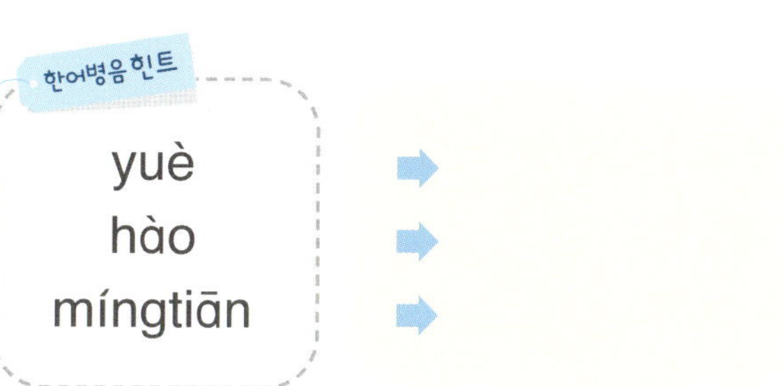

3 明天几月几号?

몇 월

며칠

내일은 몇 월 며칠이야?

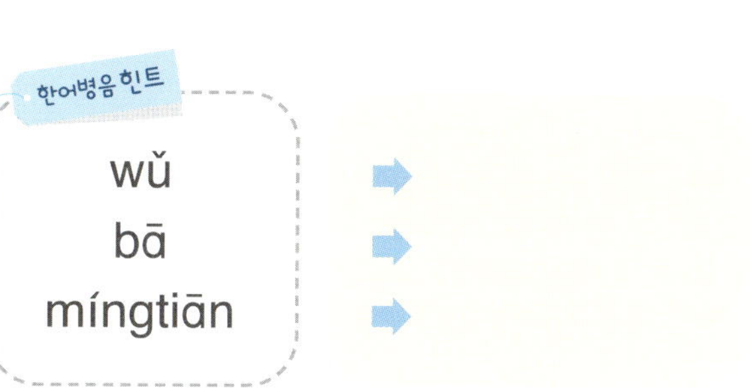

4 明天五月八号。

5월

5월 8일

내일은 5월 8일이야.

13 연습 문제

1 녹음을 듣고 발음에 주의하며 따라 읽어 보세요.   **MP3** 08-12

> jīntiān   xīngqī   jǐ   xīngqīsān
> míngtiān   yuè   hào   wǔ   bā

2 녹음을 듣고 빈칸에 알맞은 한어병음을 적어 보세요.   **MP3** 08-13

❶ Jīntiān xīngqī ________ ?

❷ Jīntiān ____________ .

❸ Míngtiān jǐ _________ jǐ hào?

❹ Míngtiān wǔ yuè bā ________ .

3 녹음을 듣고 한어병음이 잘못된 곳을 찾아 바르게 적어 보세요.   **MP3** 08-14

> 예   Jīntiān sīngqī jǐ?   (xīngqī)

❶ Nǐ jǐ sueì?   (   )

❷ Jīntiēn jǐ yuè jǐ hào?   (   )

❸ Jīntiān qī yuè síwǔ hào.   (   )

❹ Zuótiān xīngqīèr.   (   )

4 단어의 뜻을 보고 알맞은 한어병음과 연결해 보세요.

오늘 ●   ● xīngqī

요일, 주 ●   ● hào

몇 ●   ● míngtiān

내일 ●   ● jīntiān

달, 월 ●   ● yuè

일 ●   ● jǐ

5 단어를 바르게 배열해 문장을 완성해 보세요.

❶ | jǐ | jīntiān | xīngqī | ?

_______________________________ 오늘은 무슨 요일이야?

❷ | xīngqī | jīntiān | sān | .

_______________________________ 오늘은 수요일이야.

❸ | jǐ | míngtiān | yuè | hào | jǐ | ?

_______________________________ 내일은 몇 월 며칠이야?

❹ | wǔ yuè | míngtiān | bā hào | .

_______________________________ 내일은 5월 8일이야.

한 손으로 숫자 1~10 표현하기

시장처럼 시끄러운 장소에 있거나 혹은 상대와의 거리가 멀 때 손 모양으로 숫자를 정확하고 빠르게 전달할수 있어요.

yī 一(1) 	èr 二(2) 	sān 三(3) 	sì 四(4) 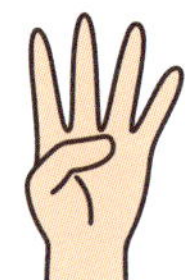
주먹 쥔 손에서 검지를 펴요.	주먹 쥔 손에서 검지와 중지를 펴요.	주먹 쥔 손에서 검지, 중지, 약지를 펴요.	펼친 손에서 엄지를 접어요.
wǔ 五(5) 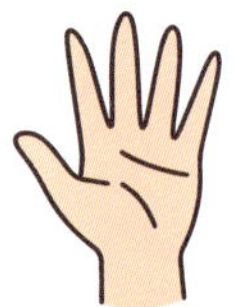	liù 六(6) 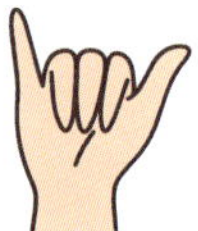	qī 七(7) 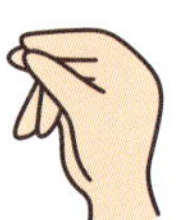	bā 八(8) 
다섯 손가락을 모두 펼쳐요.	펼친 손에서 검지, 중지, 약지를 접어요.	주먹 쥔 손에서 엄지, 검지, 중지를 펴서 모아요.	주먹 쥔 손에서 엄지, 검지를 펼쳐요.
jiǔ 九(9) 	shí 十(10) 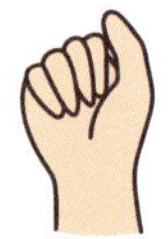		
주먹 쥔 손에서 검지를 살짝만 펴요.	주먹을 쥐어요.		

9

너 밥 먹었어?

Nǐ chī fàn le ma?

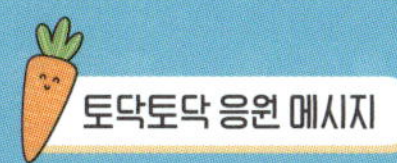

이제 결승점이 코앞이에요!

여기까지 공부하느라 정말 고생 많으셨어요. 처음
에는 낯선 발음과 성조에 많이 헷갈렸을 거예요.
복잡한 한자들도 따라 쓰며 익숙해질 때까지 참
많은 노력이 필요했죠. 하지만 지금 여러분의 수준
은 그때보다 훨씬 높은 곳에 올라와 있어요. 포기
하지 말고 마지막까지 힘껏 나아가 보세요.

shènglì zài wàng 胜利在望
승리를 눈앞에 두다

1 보기에서 알맞은 단어를 골라 빈칸에 적어 보세요.

> **보기**　　jīntiān　　xīngqī　　jǐ　　xīngqīsān
> 　　　　　míngtiān　　yuè　　hào　　wǔ　　bā

❶ 달, 월

❹ 일(日)

❷ 오늘

❺ 내일

❸ 몇

❻ 요일, 주

2 우리말 뜻에 해당하는 중국어 문장을 한어병음으로 적어 보세요.

❶ 오늘은 무슨 요일이야?

❷ 오늘은 수요일이야.

❸ 내일은 몇 월 며칠이야?

❹ 내일은 5월 8일이야.

3 제시된 한어병음과 해당하는 한자를 연결해 보세요.

xīngqī　●　　　　　●　几

jǐ　●　　　　　●　号

míngtiān　●　　　　　●　明天

hào　●　　　　　●　星期

02 차곡차곡 발음 연습

녹음을 들으면서 빈칸에 발음을 우리말로 적어 보세요. **MP3** 09-01

운모 / 성모	-i	ai	an	ang	*uei	*uen
z	zi	zai	zan	zang	zui	zun
c	ci	cai	can	cang	cui	cun
s	si	sai	san	sang	sui	sun

기억하기

1 운모 i는 일반적으로 [이]로 발음하지만, 성모 z, c, s, zh, ch, sh, r와 결합하면 [으]로 발음해요.

2 운모 *uei와 *uen은 성모와 결합 시 중간에 e가 생략된 형태(ui, un)로 표기해요.

3 u로 시작하는 결합 운모가 성모 없이 단독으로 사용될 때는 u를 w로 고쳐 표기해요.

	uei	uen
성모 없이 단독 사용	wei	wen

03 차곡차곡 성조 연습

녹음을 들으면서 다양한 유형의 성조 결합을 연습해 보세요.

제1성

제2성

04 차곡차곡 성조 연습

제3성

MP3 09-04

제4성

MP3 09-05

chī	吃	먹다
fàn	饭	밥
le	了	동작의 완료 표현
hái	还	아직, 여전히
méi	没	~하지 않았다
è	饿	배고프다
sǐ le	死了	~해 죽겠다
jiào	叫	부르다, 시키다
wàimài	外卖	배달 음식
ba	吧	~하자(제안)
a	啊	감탄 표현
xiǎng	想	~하고 싶다
chǎofàn	炒饭	볶음밥

정현과 리하이가 배달 음식을 시키려고 합니다.

你吃饭了吗?

정현 **Nǐ chī fàn le ma?**

....

我还没吃，饿死了。

리하이 **Wǒ hái méi chī, è sǐ le.**

....

我们叫外卖吧。

정현 **Wǒmen jiào wàimài ba.**

....

好啊! 我想吃炒饭。

리하이 **Hǎo a! Wǒ xiǎng chī chǎofàn.**

....

회화 해설

배달 음식 주문

你吃饭了吗?

Nǐ chī fàn le ma?

너 밥 먹었어?

사이가 가까운 지인을 만났을 때는 'Nǐ chī fàn le ma?'로 인사를 대신하기도 해요.

我还没吃，饿死了。

Wǒ hái méi chī, è sǐ le.

나 아직 안 먹었어, 배고파 죽겠어.

méi(没)는 '없다'라는 의미 외에 '~하지 않았다'라는 뜻도 가지고 있어요.

형용사 뒤에 sǐ le(死了)가 함께 쓰이면 '~해 죽겠다'라는 뜻으로 상태나 정도가 매우 심함을 나타내요.

我们叫外卖吧。

Wǒmen jiào wàimài ba.

우리 배달 음식 시키자.

jiào(叫)는 '(이름이) ~로 불리다'라는 의미 외에 '부르다', '시키다'의 뜻도 가지고 있어요.

好啊! 我想吃炒饭。

Hǎo a! Wǒ xiǎng chī chǎofàn.

좋아! 나는 볶음밥 먹고 싶어.

a(啊)는 문장 끝에 쓰여 감탄의 느낌을 더하는 역할을 해요.

어법

Nǐ chī fàn le ma? 너 밥 먹었어?

le(了)는 주로 동사 뒤에 쓰여 해당 동작의 완료를 나타내요.

Wǒ chī chāofàn. 나는 볶음밥을 먹어.

Wǒ chī le chāofàn. 나는 볶음밥을 먹었어. (먹는 동작이 완료되었음을 표현)

주의할 점은 우리말 '~었다', '~았다'와 달리 le(了)는 '과거 시제'를 나타내지 않아요.

Zuótiān hěn lěng. 어제는 추웠어.

Zuótiān hěn lěng le. （✕）

중국어에서 '(과거에) 상태가 어떠했다'라는 의미는 주로 시간을 나타내는 단어(어제, 지난주, 작년 등)를 통해서 표현해요.

Wǒ hái méi chī, è sǐ le. 나 아직 안 먹었어, 배고파 죽겠어.

méi(没)는 주로 동사 앞에 쓰여 '~하지 않았다'라는 부정의 뜻을 나타내요. 동작의 완료를 나타내는 le(了)와 반대의 개념으로, 한 문장에서 méi(没)와 le(了)를 함께 사용할 수 없어요.

Wǒ méi chī. 나는 안 먹었어.

Wǒ méi chī le. （✕）

méi(没)는 일상 회화에서 '아직'이라는 뜻의 hái(还)와 자주 함께 쓰여요.

Tā hái méi lái. 그(녀)는 아직 안 왔어.

단어 MP3 09-08

zuótiān 昨天 어제   lěng 冷 춥다   lái 来 오다

Wǒmen jiào wàimài ba. 우리 배달 음식 시키자.

ba(吧)는 문장 끝에 쓰여 '～하자'라는 청유, 권유 등의 의미를 나타내요.

Wǒmen zǒu ba. 우리 가자.

Wǒmen hē kāfēi ba. 우리 커피 마시자.

때로는 '～이지? (～맞지)'라는 의미로 쓰여 확실하지 않은 내용에 대한 추측성 의문을 나타내기도 해요.

Nǐ yǒu mèimei ba? 너는 여동생이 있지? (상대가 여동생이 있는 것 같지만 확실하지 않음)

Hǎo a! Wǒ xiǎng chī chǎofàn.
좋아! 나는 볶음밥 먹고 싶어.

xiǎng(想)은 동사 앞에 쓰여 '～하고 싶다'라는 뜻의 바람, 희망을 나타내요.

A : Nǐ xiǎng hē shénme? 너 뭐 마시고 싶어?

B : Wǒ xiǎng hē nǎichá. 나는 밀크티 마시고 싶어.

'～하고 싶지 않다'라는 뜻의 부정형은 bù xiǎng(不想)으로 나타낼 수 있어요.

Wǒ bù xiǎng hē nǎichá. 나는 밀크티 마시고 싶지 않아.

긍정	주어 ＋ xiǎng ＋ 동사
부정	주어 ＋ bù xiǎng ＋ 동사

단어　　　　　　　　　　　　　　　　　　　　　　　**MP3** 09-09

zǒu 走 가다　　hē 喝 마시다　　kāfēi 咖啡 커피　　nǎichá 奶茶 밀크티

10 교체 연습

MP3 09-10

1 A hái méi B . A는 아직 B하지 않았어.

Wǒ	hái méi	chī.
Tā		hē.

2 Wǒmen A ba. 우리 A하자.

Wǒmen	zǒu	ba.
	hē kāfēi	

3 Wǒ xiǎng / bù xiǎng A . 나는 A하고 싶어 / A하고 싶지 않아.

Wǒ	xiǎng	chī chǎofàn.
	bù xiǎng	hē nǎichá.

① Nǐ chī fàn le ma?

② Wǒ hái méi chī.

③ Tā lái le ma?

④ Tā hái méi lái.

① Wǒmen zǒu ba.

② Nǐ yǒu mèimei ba?

③ Nǐ xiǎng hē shénme?

④ Wǒ xiǎng hē nǎichá.

스스로 말하기

단어의 확장을 통해 완전한 중국어 문장을 말해 보세요.

1 你吃饭了吗?

한어병음 힌트

밥을 먹다   chī fàn ➡
밥을 먹었다   le ➡
너 밥 먹었어?   ma ➡

2 我还没吃。

한어병음 힌트

먹다   chī ➡
아직 안 먹었다   hái méi ➡
나 아직 안 먹었어.   wǒ ➡

3 我们叫外卖吧。

한어병음 힌트

시키다   jiào ➡
배달 음식을 시키다   wàimài ➡
우리 배달 음식 시키자.   ba ➡

4 我想吃炒饭。

한어병음 힌트

먹다   chī ➡
볶음밥을 먹다   chǎofàn ➡
볶음밥이 먹고 싶다   xiǎng ➡
나는 볶음밥 먹고 싶어.   wǒ ➡

---

1 녹음을 듣고 발음에 주의하며 따라 읽어 보세요.   **MP3** 09-12

> chī   fàn   le   hái   méi   è   sǐ le
> jiào   wàimài   ba   a   xiǎng   chǎofàn

2 녹음을 듣고 빈칸에 알맞은 한어병음을 적어 보세요.   **MP3** 09-13

❶ Nǐ chī fàn _______ ma?

❷ Wǒ hái _______ chī, è sǐ le.

❸ Wǒmen jiào wàimài _______ .

❹ Hǎo a! Wǒ _______ chī chǎofàn.

3 녹음을 듣고 한어병음이 잘못된 곳을 찾아 바르게 적어 보세요.   **MP3** 09-14

> 예   Nǐ chī pàn le ma?   (fàn)

❶ Nǐ cǒu le ma?   ( )

❷ Tā kái méi lái.   ( )

❸ Wǒmen hē kāfeī ba.   ( )

❹ Wǒ bú xiǎng hē nǎichá.   ( )

4 단어의 뜻을 보고 알맞은 한어병음과 연결해 보세요.

먹다 ●   ● jiào

아직, 여전히 ●   ● hái

~하지 않았다 ●   ● wàimài

부르다, 시키다 ●   ● chī

배달 음식 ●   ● xiǎng

~하고 싶다 ●   ● méi

5 단어를 바르게 배열해 문장을 완성해 보세요.

➊ | ma | chī fàn | nǐ | le | ?

________________________________   너 밥 먹었어?

➋ | è | chī, | hái méi | sǐ le | wǒ | .

________________________________   나 아직 안 먹었어, 배고파 죽겠어.

➌ | jiào | ba | wàimài | women | .

________________________________   우리 배달 음식 시키자.

➍ Hǎo a! | chī | xiǎng | wǒ | chǎofàn | .

________________________________   좋아! 나는 볶음밥 먹고 싶어.

내가 먹고 싶은 중국 음식은?

火锅 **huǒguō**  훠궈	麻辣烫 **málàtàng**  마라탕	牛肉面 **niúròumiàn**  우육면
炒饭 **chǎofàn**  볶음밥	麻婆豆腐 **mápódòufu**  마파두부	锅包肉 **guōbāoròu**  꿔바오로우
饺子 **jiǎozi**  교자	包子 **bāozi**  (소가 들어 있는) 찐빵	粤式早茶 **yuèshì zǎochá**  딤섬

📝 플러스 표현

빈칸에 자신이 먹고 싶은 음식명을 넣어 자유롭게 말해 보세요.

Wǒ xiǎng chī ＿＿＿＿＿＿＿＿＿. 　나는 ~을 먹고 싶어.

10

너 중국어 말할 줄 알아?

Nǐ huì shuō Hànyǔ ma?

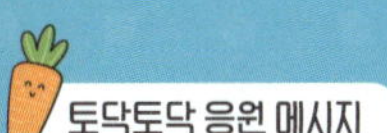

토닥토닥 응원 메시지

정말 수고하셨어요!

마지막까지 열심히 달려온 당신에게 큰 목소리로 칭찬해 주고 싶어요. 무언가를 끝까지 해낸다는 건 생각보다 훨씬 더 용기가 필요한 일이에요. 포기하고 싶은 날도 있었겠지만, 한 걸음 한 걸음 묵묵히 걸어온 당신이 정말 자랑스러워요. 오늘 당신은 충분히 멋지고 박수 받을 자격이 있는 사람이에요.

dàgōng gàochéng 大功告成
큰 성공을 거두다

9과 복습

1 보기에서 알맞은 단어를 골라 빈칸에 적어 보세요.

> **보기** chī fàn le hái méi è sǐ le
> jiào wàimài ba a xiǎng chǎofàn

1 밥

2 동작의 완료 표현

3 배고프다

4 ~하자(제안)

5 ~하고 싶다

6 볶음밥

2 우리말 뜻에 해당하는 중국어 문장을 한어병음으로 적어 보세요.

1 너 밥 먹었어?

2 나 아직 안 먹었어, 배고파 죽겠어.

3 우리 배달 음식 시키자.

4 좋아! 나는 볶음밥 먹고 싶어.

3 제시된 한어병음과 해당하는 한자를 연결해 보세요.

le   没

méi   吧

ba   了

xiǎng   想

차곡차곡 발음 연습

녹음을 들으면서 빈칸에 발음을 우리말로 적어 보세요.   **MP3** 10-01

운모 \\ 성모	-i	ou	ong	*ei	en	eng
zh	zhi	zhou	zhong	zhei	zhen	zheng
ch	chi	chou	chong	•	chen	cheng
sh	shi	shou	•	shei	shen	sheng
r	ri	rou	rong	•	ren	reng

기억하기

1 운모 i는 일반적으로 [이]로 발음하지만, 성모 z, c, s, zh, ch, sh, r와 결합하면 [으]로 발음해요.

2 결합 운모 *ei, ie에서 e는 [으어]로 발음하지 않고 [에]로 발음해요.

녹음을 들으면서 다양한 유형의 성조 결합을 연습해 보세요.

  MP3 10-04

  MP3 10-05

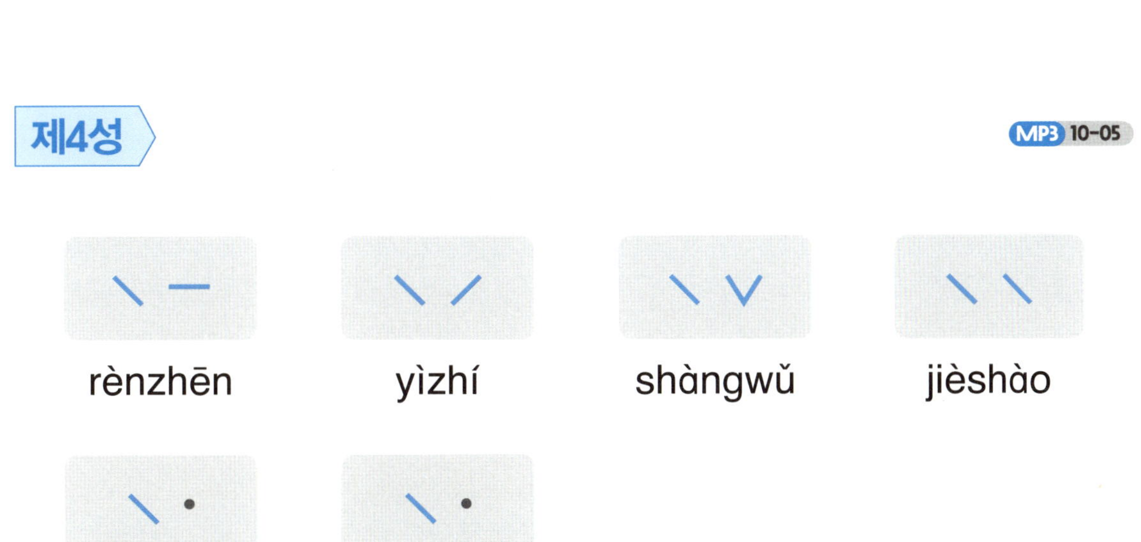

huì	会	할 줄 알다
shuō	说	말하다
Hànyǔ	汉语	중국어
yìdiǎnr	一点儿	조금, 약간
xué	学	배우다
nán	难	어렵다
bù	不	～않다
yǒudiǎnr	有点儿	조금, 약간
kěshì	可是	그러나, 하지만
yǒu yìsi	有意思	재미있다

회화

MP3 10-07

리하이가 정현에게 중국어를 할 줄 아는지 물어봅니다.

리하이
你会说汉语吗?
Nǐ huì shuō Hànyǔ ma?

정현
我会说一点儿。
Wǒ huì shuō yìdiǎnr.

리하이
学汉语难不难?
Xué Hànyǔ nán bu nán?

정현
有点儿难，可是很有意思。
Yǒudiǎnr nán, kěshì hěn yǒu yìsi.

회화 해설

언어 능력

你会说汉语吗?

Nǐ huì shuō Hànyǔ ma?

너 중국어 말할 줄 알아?

우리말은 보통 '(언어) 할 줄 알아?'로 물어보지만, 중국어는 '(언어) 말할 줄 알아?'와 같이 질문해요.

我会说一点儿。

Wǒ huì shuō yìdiǎnr.

나는 조금 말할 줄 알아.

yìdiǎnr(一点儿)은 'yìdiǎn+r'의 형태예요. r 바로 앞에 위치하는 비음(n)은 묵음이 되고 'yìdiǎ+r'과 같이 발음해요.

学汉语难不难?

Xué Hànyǔ nán bu nán?

중국어를 배우는 건 어려워 안 어려워?

xué(学)와 Hànyǔ(汉语)의 u는 모두 ü로 발음해야 해요.

x + üe → xue / ü → yu

有点儿难，可是很有意思。

Yǒudiǎnr nán,
kěshì hěn yǒu yìsi.

조금 어려워, 하지만 재미있어.

kěshì(可是)는 '그러나'라는 뜻의 접속사로, 앞에서 나온 내용과 상반되는 내용을 말할 때 사용해요.

Nǐ huì shuō Hànyǔ ma? 너 중국어 말할 줄 알아?

huì(会)는 주로 동사 앞에 쓰여 '~할 줄 알다'라는 의미를 나타내요. 후천적인 학습을 통해 얻게 된 능력을 나타내며, 부정은 bú huì(不会)로 표현해요.

Nǐ huì kāichē ma? 너 운전할 줄 알아?

Tā huì yóuyǒng ma? 그(녀)는 수영할 줄 알아?

Wǒ bú huì zuò cài. 나는 요리를 할 줄 몰라.

긍정	주어 + huì + 동사
부정	주어 + bú huì + 동사

Wǒ huì shuō yìdiǎnr. 나는 조금 말할 줄 알아.

yìdiǎnr(一点儿)는 일반적으로 동사나 형용사 뒤에 쓰여 '조금', '약간'이라는 뜻을 나타내요.

Nǐ hē yìdiǎnr ba. 너 조금 마셔 봐.

Nǐ yǒu dà yìdiǎnr de ma? 너 조금 큰 거 있어?

조금 ~하다	동사/형용사 + yìdiǎnr

TIP 숫자 1(一)은 원래 제1성(yī)이지만 뒤에 제1, 2, 3성이 오면 제4성(yì)으로 바꾸어 발음해요.
一(yī) + 제1, 2, 3성 → 一(yì) + 제1, 2, 3성

단어 　　　　　　　　　　　　　　　　　　　　MP3 10-08

kāichē 开车 (차를) 운전하다　　yóuyǒng 游泳 수영하다　　zuò cài 做菜 요리를 하다　　de 的 ~한 것

Xué Hànyǔ nán bu nán?
중국어를 배우는 건 어려워 안 어려워?

우리말에 '가 안 가?', '먹어 안 먹어?'처럼 중국어도 긍정과 부정을 붙여서 의문을 표현할 수 있어요. 이런 'A bu A?'형식을 '정반의문문'이라고 부르는데, 의미는 '~ma(吗)?'와 같아요.

Dà bu dà? 커 안 커? **= Dà ma?** 커?

Lèi bu lèi? 피곤해 안 피곤해? **= Lèi ma?** 피곤해?

> **TIP** 정반의문문의 bù(不)는 보통 경성으로 가볍게 발음해요.

'있다'의 뜻을 가지는 yǒu(有)는 부정형이 méiyǒu(没有)예요.

Yǒu méiyǒu? 있어 없어? **= Yǒu ma?** 있어?

Yǒudiǎnr nán, kěshì hěn yǒu yìsi.
조금 어려워, 하지만 재미있어.

yǒudiǎnr(有点儿)은 앞서 배운 yìdiǎnr(一点儿)과 우리말 뜻이 비슷하지만 쓰임에는 큰 차이가 있어요. yǒudiǎnr(有点儿)은 주로 형용사 앞에 쓰이며, '조금', '약간'이라는 뜻에 부정적 어감이 포함되어 있어요.

Yǒudiǎnr è. 조금 배고파.

Yǒudiǎnr lèi. 조금 피곤해.

Yǒudiǎnr xiǎo. 조금 작아.

> 조금 ~해(부정적 어감) **yǒudiǎnr + 형용사**

단어 MP3 10-09

dà 大 크다   **è** 饿 배고프다   **lèi** 累 피곤하다   **xiǎo** 小 작다

 **10-10**

1

A huì **B** ma? A는 B 할 줄 알아?

| Nǐ | huì | kāichē | ma? |
| Nǐmen | | yóuyǒng | |

2

A bu **A** ? A해 A 안 해?

| Nán | bu nán? |
| Dà | bu dà? |

3

Yǒudiǎnr **A** . 조금 A해. (부정적 어감)

| Yǒudiǎnr | xiǎo. |
| | è. |

❶ Nǐ huì shuō Hànyǔ ma?

❷ Wǒ huì shuō yìdiǎnr.

❸ Nǐ huì yóuyǒng ma?

❹ Wǒ bú huì yóuyǒng.

❶ Nán bu nán?

❷ Yǒudiǎnr nán.

❸ Lèi bu lèi?

❹ Yǒudiǎnr lèi.

단어의 확장을 통해 완전한 중국어 문장을 말해 보세요.

1 你会说汉语吗?

말하다　　　　　　　　　　　　shuō　➡

말할 줄 알다　　　　　　　　　huì　➡

너 중국어 말할 줄 알아?　　　Hànyǔ　➡

한어병음힌트

2 我会说一点儿。

말하다　　　　　　　　　　　　shuō　➡

말할 줄 알다　　　　　　　　　huì　➡

나는 조금 말할 줄 알아.　　　yìdiǎnr　➡

한어병음힌트

3 学汉语难不难?

배우다　　　　　　　　　　　　　　　　　xué　➡

중국어를 배우다　　　　　　　　　　　Hànyǔ　➡

중국어를 배우는 건 어려워 안 어려워?　nán　➡

한어병음힌트

4 有点儿难,可是很有意思。

어렵다　　　　　　　　　　　　　nán　➡

조금 어렵다　　　　　　　　　　yǒudiǎnr　➡

재미있다　　　　　　　　　　　　yǒu yìsi　➡

조금 어려워, 하지만 재미있어.　kěshì　➡

한어병음힌트

1 녹음을 듣고 발음에 주의하며 따라 읽어 보세요. **MP3** 10-12

> huì　shuō　Hànyǔ　yìdiǎnr　xué
> nán　bù　yǒudiǎnr　kěshì　yǒu yìsi

2 녹음을 듣고 빈칸에 알맞은 한어병음을 적어 보세요. **MP3** 10-13

❶ Nǐ ＿＿＿＿ shuō Hànyǔ ma?

❷ Wǒ huì shuō ＿＿＿＿ .

❸ Xué Hànyǔ nán ＿＿＿＿ nán?

❹ ＿＿＿＿ nán, kěshì hěn yǒu yìsi.

3 녹음을 듣고 한어병음이 잘못된 곳을 찾아 바르게 적어 보세요. **MP3** 10-14

> 예 Wǒ hùi shuō yìdiǎnr.　　（　huì　）

❶ Nǐ huì kāizhē ma?　　（　　）

❷ Nǐ hē yīdiǎnr ba.　　（　　）

❸ Yǒu měiyǒu?　　（　　）

❹ Yǒudiǎnr qiǎo.　　（　　）

4 단어의 뜻을 보고 알맞은 한어병음과 연결해 보세요.

할 줄 알다 · · shuō

말하다 · · nán

배우다 · · huì

어렵다 · · kěshì

그러나, 하지만 · · yǒu yìsi

재미있다 · · xué

5 단어를 바르게 배열해 문장을 완성해 보세요.

❶ | Hànyǔ | huì | ma | nǐ | shuō | ?

______________________ 너 중국어 말할 줄 알아?

❷ | shuō | huì | yìdiǎnr | wǒ | .

______________________ 나는 조금 말할 줄 알아.

❸ | xué | nán bu nán | Hànyǔ | ?

______________________ 중국어를 배우는 건 어려워 안 어려워?

❹ | nán, | yǒudiǎnr | hěn | kěshì | yǒu yìsi | .

______________________ 조금 어려워, 하지만 재미있어.

내가 말할 수 있는 언어는?

韩语 Hányǔ 안녕하세요 한국어	汉语 Hányǔ 你好 중국어	日语 rìyǔ こんにちは 일본어
英语 Yīngyǔ Hello 영어	西班牙语 Xībānyáyǔ Hola 스페인어	印地语 Yìndìyǔ नमस्ते 힌디어
阿拉伯语 Ālābóyǔ السلام عليكم 아랍어	俄语 Éyǔ Здравствуйте 러시아어	法语 Fǎyǔ Bonjour 프랑스어

플러스 표현

빈칸에 다양한 언어를 넣어 자유롭게 말해 보세요.

Wǒ huì shuō ________________.　나는 ~을 말할 줄 알아.

Wǒ bú huì shuō ________________.　나는 ~을 말할 줄 몰라.

정답 확인

☆ 1~2과 중국어 발음
☆ 3~10과 복습 및 연습 문제

① 중국어 발음 (기본 운모, 성조, 성모)

02 기본 운모　　P15

① ☑ a　□ u(wu)　② □ e　☑ o
③ □ i(yi)　☑ e　④ □ u(wu)　☑ ü(yu)

03 성조　　P16

ā	ō	ē
ī	ū	ǖ

04 성조　　P17

á	ó	é
í	ú	ǘ

05 성조　　P18

ǎ	ǒ	ě
ǐ	ǔ	ǚ

06 성조　　P19

à	ò	è
ì	ù	ǜ

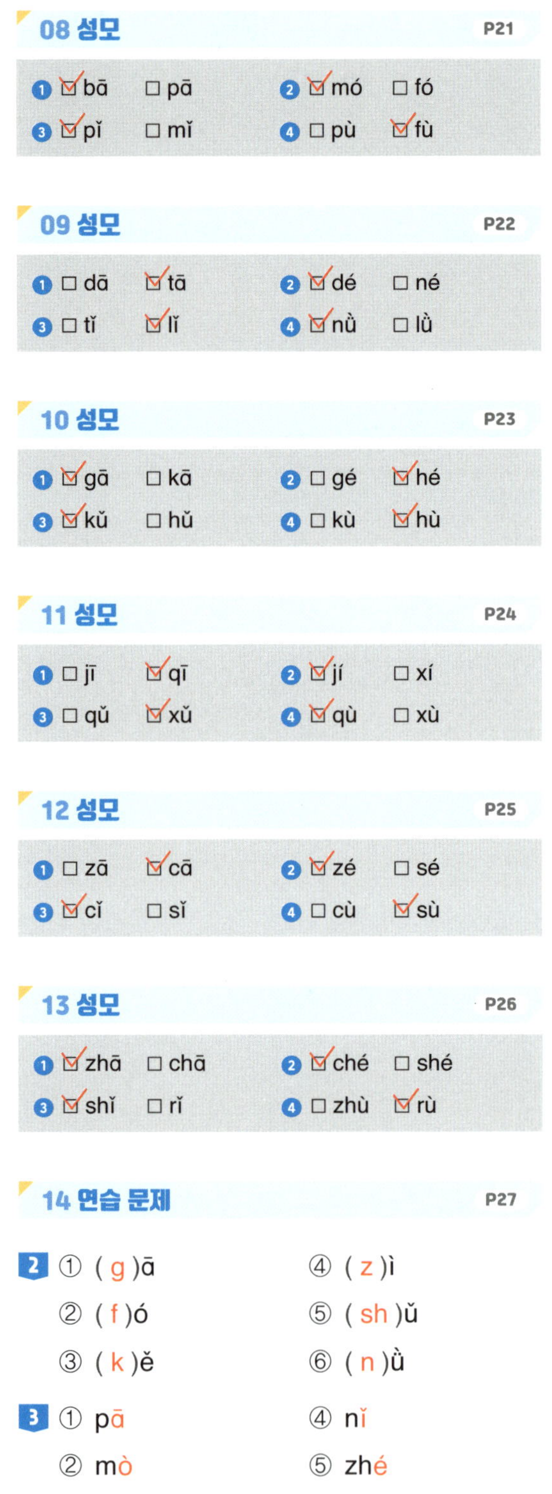

08 성모　　P21

① ☑ bā　□ pā　② ☑ mó　□ fó
③ ☑ pǐ　□ mǐ　④ □ pù　☑ fù

09 성모　　P22

① □ dā　☑ tā　② ☑ dé　□ né
③ □ tǐ　☑ lǐ　④ ☑ nǚ　□ lǜ

10 성모　　P23

① ☑ gā　□ kā　② □ gé　☑ hé
③ ☑ kǔ　□ hǔ　④ □ kù　☑ hù

11 성모　　P24

① □ jī　☑ qī　② ☑ jí　□ xí
③ □ qǔ　☑ xǔ　④ ☑ qù　□ xù

12 성모　　P25

① □ zā　☑ cā　② ☑ zé　□ sé
③ ☑ cǐ　□ sǐ　④ □ cù　☑ sù

13 성모　　P26

① ☑ zhā　□ chā　② ☑ ché　□ shé
③ ☑ shǐ　□ rǐ　④ □ zhù　☑ rù

14 연습 문제　　P27

2　① (g)ā　　④ (z)ì
　　② (f)ó　　⑤ (sh)ǔ
　　③ (k)ě　　⑥ (n)ù

3　① pā　　④ nǐ
　　② mò　　⑤ zhé
　　③ qú　　⑥ lǜ

01 1과 복습　P30

1 성모, 운모, 성조

2 ① yi　② wu　③ yu

3 ① pā　② nú　③ gě　④ qì

4 ③ xǔ

05 결합 운모　P34
① □ āi　☑ āo　② ☑ ái　□ án
③ □ ǎo　☑ ǎng　④ ☑ àn　□ àng

06 결합 운모　P35
① ☑ ōu　□ ōng　② □ óu　☑ óng
③ □ ǒu　☑ ǒng　④ ☑ òu　□ òng

07 결합 운모　P36
① □ ēi　☑ ēn　② □ én　☑ éng
③ □ ěn　☑ ěr　④ ☑ èi　□ èr

08 결합 운모　P37
① ☑ iā(yā)　□ iē(yē)　② □ iá(yá)　☑ iáo(yáo)
③ ☑ iě(yě)　□ iǎo(yǎo)　④ □ iào(yào)　☑ iòu(yòu)

09 결합 운모　P38
① □ iān(yān)　☑ iāng(yāng)　② ☑ ián(yán)　□ ín(yín)
③ □ iǎng(yǎng)　☑ iǒng(yǒng)　④ ☑ ìn(yìn)　□ iǒng(yǒng)

10 결합 운모　P39
① □ uā(wā)　☑ uō(wō)　② □ uó(wó)　☑ uái(wái)
③ □ uǎi(wǎi)　☑ uǎn(wǎn)　④ ☑ uà(wà)　□ uàn(wàn)

11 결합 운모　P40
① ☑ uāng(wāng)　□ uēi(wēi)　② □ uáng(wáng)　☑ uéng(wéng)
③ ☑ uěi(wěi)　□ uěn(wěn)　④ ☑ uèn(wèn)　□ uèng(wèng)

12 결합 운모　P41
① ☑ üān(yuān)　□ üē(yuē)　② □ üán(yuán)　☑ ún(yún)
③ ☑ üě(yuě)　□ ǔn(yǔn)　④ □ üè(yuè)　☑ ùn(yùn)

14 연습 문제　P43
2 ① f(ou)　④ s(un)
　② k(uang)　⑤ ch(ai)
　③ q(ian)　⑥ r(uan)

3 ① biǎo　④ huài
　② diū　⑤ jué
　③ tóu　⑥ shuǐ

01 2과 복습　　P46

1 결합 운모

2 a > o, e > i, u, ü

3 ① ge

4 ① juan　② que　③ xun

13 연습 문제　　P58

2 ① Nǐ

　② Zǎoshang

　③ jiàn

　④ Míngtiān

3 ① Dàjiā hǔo!　　　(hǎo)

　② Xiàyǔ hǎo!　　　(Xiàwǔ)

　③ Wǎnchang jiàn!　　(Wǎnshang)

　④ Yíhùir jiàng!　　　(jiàn)

14 연습 문제　　P59

4 • 너, 당신 — nǐ

　• 좋다, 안녕하다 — hǎo

　• 아침 — zǎoshang

　• 또 만나, 잘 가 — zàijiàn

　• 내일 — míngtiān

　• 보다, 만나다 — jiàn

5 ① Nǐ hǎo!

　② Zǎoshang hǎo!

　③ Zàijiàn!

　④ Míngtiān jiàn!

01 3과 복습　　P62

1 ① zǎoshang　④ míngtiān

　② jiàn　　　　⑤ nǐ

　③ hǎo　　　　⑥ zàijiàn

2 ① Nǐ hǎo!

　② Zǎoshang hǎo!

　③ Zàijiàn!

　④ Míngtiān jiàn!

3 • hǎo - 好　　　• zǎoshang - 早上

　• míngtiān - 明天　• jiàn - 见

13 연습 문제　　P74

2 ① Xiè　　② Bú

　③ qǐ　　　④ Méi

3 ① Xièxie níng!　　(nín)

　② Bó kèqi!　　　(Bú)

　③ Bù hǎoyìxi!　　(hǎoyìsi)

　④ Méi quānxi!　　(guānxi)

14 연습 문제　　P75

4 • 고맙다 — xièxie

　• ~않다 — bù

　• 예의를 차리다 — kèqi

　• 미안하다 — duìbuqǐ

　• 없다 — méi

　• 관계 — guānxi

5 ① Xièxie!

　② Bú kèqi!

　③ Duìbuqǐ!

　④ Méi guānxi!

01 4과 복습 P78

1
① bù ④ duìbuqǐ
② guānxi ⑤ xièxie
③ kèqi ⑥ méi

2
① Xièxie!
② Bú kèqi!
③ Duìbuqǐ!
④ Méi guānxi!

3
· bù - 不 · kèqi - 客气
· méi - 没 · guānxi - 关系

13 연습 문제 P90

2
① shénme ② Wǒ
③ nǎ ④ Zhōngguó

3
① Wǔ jiào Piáo Zhēnxuàn. (Wǒ)
② Chè shì shénme? (Zhè)
③ Wǒ bù shì Hánguórén. (bú)
④ Nǐ yào mǎ běn shū? (nǎ)

14 연습 문제 P91

4
· 무엇, 무슨 — shénme
· 이름 — míngzi
· ～이다 — shì
· 어느, 어떤 — nǎ
· 나라 — guó
· 사람 — rén

5
① Nǐ jiào shénme míngzi?
② Wǒ jiào Lǐ Hǎi.
③ Nǐ shì nǎ guó rén?
④ Wǒ shì Zhōngguórén.

01 5과 복습 P94

1
① jiào ④ míngzi
② nǎ ⑤ rén
③ shì ⑥ shénme

2
① Nǐ jiào shénme míngzi?
② Wǒ jiào Lǐ Hǎi.
③ Nǐ shì nǎ guó rén?
④ Wǒ shì Zhōngguórén.

3
· jiào - 叫 · shénme - 什么
· shì - 是 · Zhōngguó - 中国

13 연습 문제 P106

2
① shéi ② de
③ Rènshi ④ yě

3
① Ní shì shéi? (Nǐ)
② Nà shì tā dé shū. (de)
③ Wǒ hěn kǎo. (hǎo)
④ Tā yǐ hěn máng. (yě)

14 연습 문제 P107

4
· 이(것), 이 사람 — zhè
· 누구 — shéi
· ～의 — de
· 알다 — rènshi
· 아주, 매우 — hěn
· ～도, 역시 — yě

5
① Zhè shì shéi?
② Shì wǒ de péngyou, Tíngting.
③ Rènshi nǐ hěn gāoxìng.
 Hěn gāoxìng rènshi nǐ.
④ Wǒ yě hěn gāoxìng.

7 너는 형이 있어?

01 6과 복습　　P110

1 ① hěn　　④ de

② shéi　　⑤ rènshi

③ yě　　⑥ gāoxìng

2 ① Zhè shì shéi?

② Shì wǒ de péngyou, Tíngting.

③ Rènshi nǐ hěn gāoxìng.

④ Wǒ yě hěn gāoxìng!

3 • zhè - 这　　• rènshi - 认识

• gāoxìng - 高兴　　• péngyou - 朋友

13 연습 문제　　P122

2 ① ma　　② Méiyǒu / gè

③ duō　　④ Jīnnián

3 ① Nǐ yǒu shéjiān ma?　　(shíjiān)

② Nǐ duō zhùng?　　(zhòng)

③ Nín duō dà niénjì?　　(niánjì)

④ Jīnnián shíjiǔ sueì.　　(suì)

14 연습 문제　　P123

4 • 있다 — yǒu

• ~입니까? — ma

• 명, 개 — gè(ge)

• 많다, 얼마나 — duō

• 올해 — jīnnián

• 살, 세 — suì

5 ① Nǐ yǒu gēge ma?

② Méiyǒu, wǒ yǒu yí gè dìdi.

③ Tā duō dà?

④ Jīnnián shíjiǔ suì.

8 오늘은 수요일이야.

01 7과 복습　　P126

1 ① méiyǒu　　④ gēge

② duō　　⑤ dà

③ suì　　⑥ gè(ge)

2 ① Nǐ yǒu gēge ma?

② Méiyǒu, wǒ yǒu yí gè dìdi.

③ Tā duō dà?

④ Jīnnián shíjiǔ suì.

3 • yǒu - 有　　• ma - 吗

• gè(ge) - 个　　• duō - 多

13 연습 문제　　P138

2 ① jǐ　　② xīngqīsān

③ yuè　　④ hào

3 ① Nǐ jǐ sueì?　　(suì)

② Jīntiēn jǐ yuè jǐ hào?　　(Jīntiān)

③ Jīntiān qī yuè síwǔ hào.　　(shíwǔ)

④ Zuótiān xīngqī'èr.　　(xīngqī'èr)

14 연습 문제　　P139

4 • 오늘 — jīntiān

• 요일, 주 — xīngqī

• 몇 — jǐ

• 내일 — míngtiān

• 달, 월 — yuè

• 일 — hào

5 ① Jīntiān xīngqī jǐ?

② Jīntiān xīngqīsān.

③ Míngtiān jǐ yuè jǐ hào?

④ Míngtiān wǔ yuè bā hào.

1
① yuè   ④ hào
② jīntiān   ⑤ míngtiān
③ jǐ   ⑥ xīngqī

2
① Jīntiān xīngqī jǐ?
② Jīntiān xīngqīsān.
③ Míngtiān jǐ yuè jǐ hào?
④ Míngtiān wǔ yuè bā hào.

3
• xīngqī - 星期   • jǐ - 几
• míngtiān - 明天   • hào - 号

13 연습 문제   P154

2
① le   ② méi
③ ba   ④ xiǎng

3
① Nǐ cǒu le ma?   (zǒu)
② Tā kái méi lái.   (hái)
③ Wǒmen hē kāfēi ba.   (kāfēi)
④ Wǒ bú xiǎng hē nǎichá.   (bù)

14 연습 문제   P155

4
• 먹다 — chī
• 아직, 여전히 — hái
• ~하지 않았다 — méi
• 부르다, 시키다 — jiào
• 배달 음식 — wàimài
• ~하고 싶다 — xiǎng

5
① Nǐ chī fàn le ma?
② Wǒ hái méi chī, è sǐ le.
③ Wǒmen jiào wàimài ba.
④ Hǎo a! Wǒ xiǎng chī chǎofàn.

1
① fàn   ④ ba
② le   ⑤ xiǎng
③ è   ⑥ chǎofàn

2
① Nǐ chī fàn le ma?
② Wǒ hái méi chī, è sǐ le.
③ Wǒmen jiào wàimài ba.
④ Hǎo a! Wǒ xiǎng chī chǎofàn.

3
• le - 了   • méi - 没
• ba - 吧   • xiǎng - 想

13 연습 문제   P170

2
① huì   ② yìdiǎnr
③ bu   ④ Yǒudiǎnr

3
① Nǐ huì kāizhē ma?   (kāichē)
② Nǐ hē yīdiǎnr ba.   (yìdiǎnr)
③ Yǒu měiyǒu?   (méiyǒu)
④ Yǒudiǎnr qiǎo.   (xiǎo)

14 연습 문제   P171

4
• 할 줄 알다 — huì
• 말하다 — shuō
• 배우다 — xué
• 어렵다 — nán
• 그러나, 하지만 — kěshì
• 재미있다 — yǒu yìsi

5
① Nǐ huì shuō Hànyǔ ma?
② Wǒ huì shuō yìdiǎnr.
③ Xué Hànyǔ nán bu nán?
④ Yǒudiǎnr nán, kěshì hěn yǒu yìsi.

1초 완성!
중국어 문장 말하기

반복 연습은 외국어 학습에서 가장 기본적이지만 또 가장 중요한 과정이에요.
우리말 뜻을 보고 1초 만에 중국어 문장을 말할 수 있도록 연습해 보세요!

회화 표현 복습법

1

우리말 뜻을 보고 1초 만에
중국어 문장 말하기

2

문장을 정확하게 말할 수
없는 경우 체크 박스에
표시하기

3

페이지를 넘겨 중국어
문장 확인 및 원어민
MP3로 완벽 복습하기

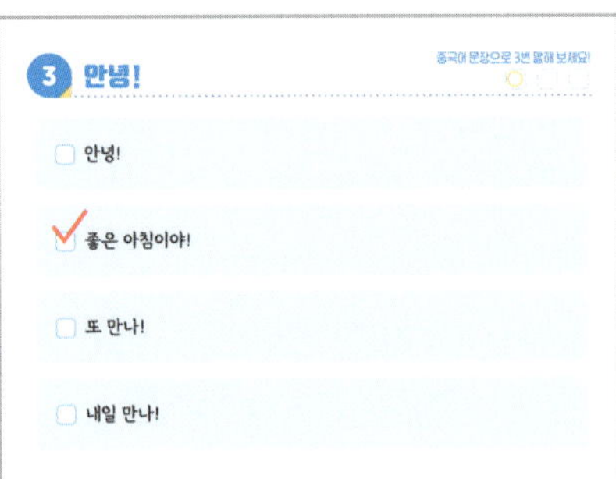

3 안녕!

- [ ] 안녕!

- [ ] 좋은 아침이야!

- [ ] 또 만나!

- [ ] 내일 만나!

4 고마워!

- [ ] 고마워!

- [ ] 천만에!

- [ ] 미안해!

- [ ] 괜찮아!

3 Nǐ hǎo!

你好！
Nǐ hǎo!

早上好！
Zǎoshang hǎo!

再见！
Zàijiàn!

明天见！
Míngtiān jiàn!

4 Xièxie!

谢谢！
Xièxie!

不客气！
Bú kèqi!

对不起！
Duìbuqǐ!

没关系！
Méi guānxi!

5 너는 이름이 뭐야?

☐ 너는 이름이 뭐야?

☐ 나는 리하이라고 해.

☐ 너는 어느 나라 사람이야?

☐ 나는 중국 사람이야.

6 만나서 반가워.

☐ 이 사람은 누구야?

☐ 나의 친구 팅팅이야.

☐ 만나서 반가워. (너를 알게 되어서 기뻐.)

☐ 나도 반가워. (나도 기뻐.)

 Nǐ jiào shénme míngzi? MP3 S-05

你叫什么名字？
☐ **Nǐ jiào shénme míngzi?**

我叫李海。
☐ **Wǒ jiào Lǐ Hǎi.**

你是哪国人？
☐ **Nǐ shì nǎ guó rén?**

我是中国人。
☐ **Wǒ shì Zhōngguórén.**

 Rènshi nǐ hěn gāoxìng. MP3 S-06

这是谁？
☐ **Zhè shì shéi?**

是我的朋友，婷婷。
☐ **Shì wǒ de péngyou, Tíngting.**

认识你很高兴。
☐ **Rènshi nǐ hěn gāoxìng.**

我也很高兴。
☐ **Wǒ yě hěn gāoxìng.**

7 너는 형이 있어?

- [ ] 너는 형이 있어?

- [ ] 없어, 나는 남동생이 한 명 있어.

- [ ] 그는 몇 살이야?

- [ ] 올해 19살이야.

8 오늘은 수요일이야.

- [ ] 오늘은 무슨 요일이야?

- [ ] 오늘은 수요일이야.

- [ ] 내일은 몇 월 며칠이야?

- [ ] 내일은 5월 8일이야.

Nǐ yǒu gēge ma?

你有哥哥吗？
Nǐ yǒu gēge ma?

没有，我有一个弟弟。
Méiyǒu, wǒ yǒu yí gè dìdi.

他多大？
Tā duō dà?

今年十九岁。
Jīnnián shíjiǔ suì.

Jīntiān xīngqīsān.

今天星期几？
Jīntiān xīngqī jǐ?

今天星期三。
Jīntiān xīngqīsān.

明天几月几号？
Míngtiān jǐ yuè jǐ hào?

明天五月八号。
Míngtiān wǔ yuè bā hào.

9 너 밥 먹었어?

☐ 너 밥 먹었어?

☐ 나 아직 안 먹었어, 배고파 죽겠어.

☐ 우리 배달 음식 시키자.

☐ 좋아! 나는 볶음밥 먹고 싶어.

10 너 중국어 말할 줄 알아?

☐ 너 중국어 말할 줄 알아?

☐ 나는 조금 말할 줄 알아.

☐ 중국어를 배우는 건 어려워 안 어려워?

☐ 조금 어려워, 하지만 재미있어.

Nǐ chī fàn le ma?

MP3 S-09

你吃饭了吗?
Nǐ chī fàn le ma?

我还没吃，饿死了。
Wǒ hái méi chī, è sǐ le.

我们叫外卖吧。
Wǒmen jiào wàimài ba.

好啊! 我想吃炒饭。
Hǎo a! Wǒ xiǎng chī chǎofàn.

10 Nǐ huì shuō Hànyǔ ma?

MP3 S-10

你会说汉语吗?
Nǐ huì shuō Hànyǔ ma?

我会说一点儿。
Wǒ huì shuō yìdiǎnr.

学汉语难不难?
Xué Hànyǔ nán bu nán?

有点儿难，可是很有意思。
Yǒudiǎnr nán, kěshì hěn yǒu yìsi.

한눈에 정리하는
한어병음표

한어병음표 한 장에 중국어의 모든 발음이 들어 있어요.

내가 발음할 수 있는 영역을 표시해 보고,

어려운 발음은 다시 앞쪽 학습 페이지로 돌아가 설명을 참고해 주세요.

한어병음표 활용법

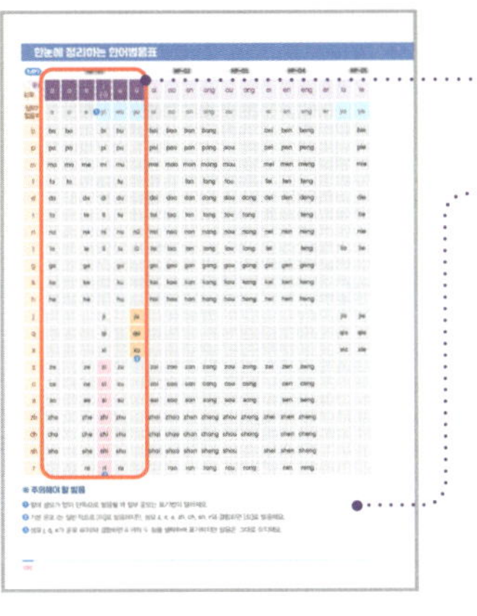

1 오늘 학습한 한어병음들을 묶어서 표시하기

2 주의해야 할 발음 체크하기

3 QR코드를 통해 원어민 발음을 들으며 연습하기

한눈에 정리하는 한어병음표

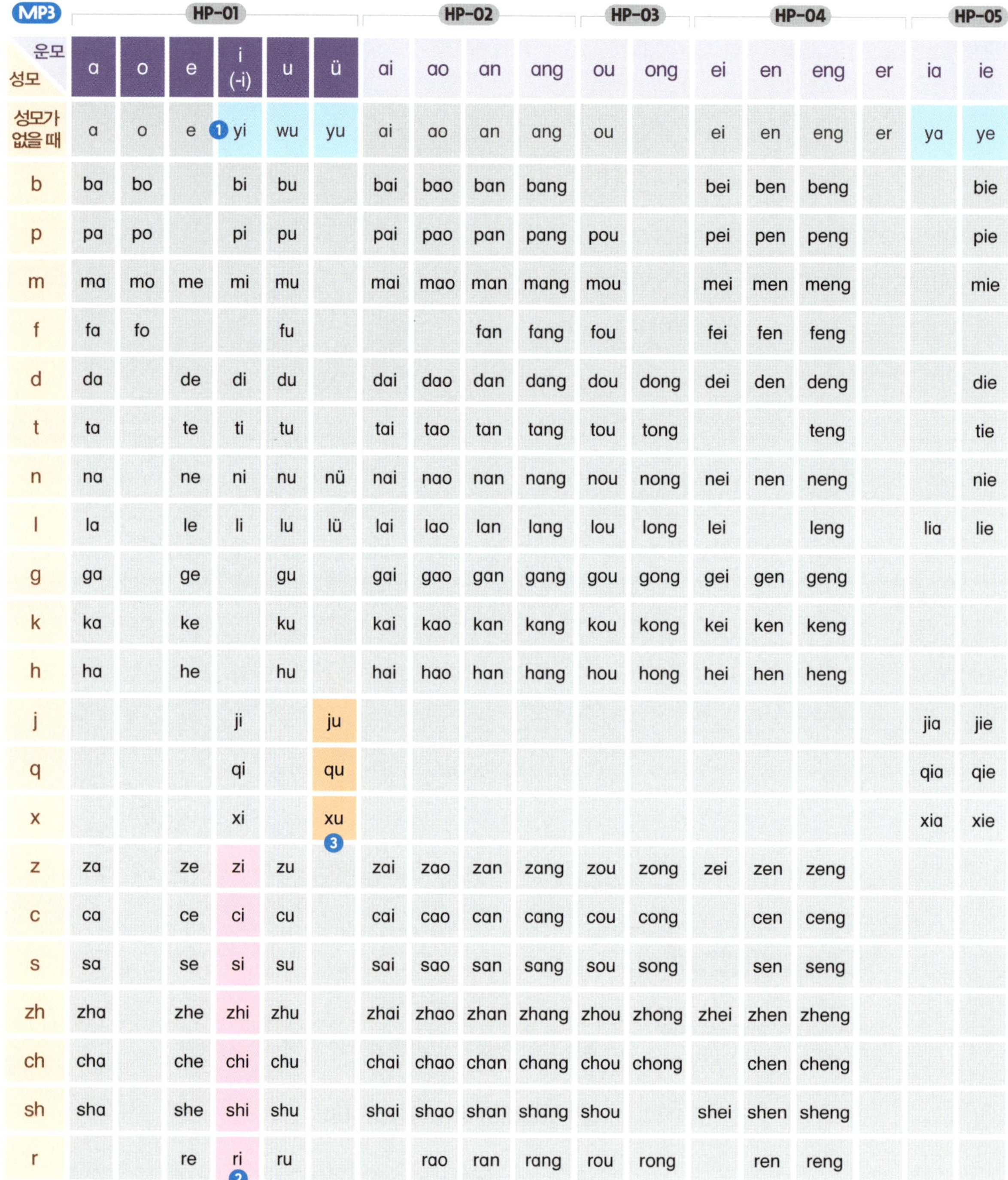

MP3	HP-01						HP-02				HP-03		HP-04				HP-05	
운모 성모	a	o	e	i (-i)	u	ü	ai	ao	an	ang	ou	ong	ei	en	eng	er	ia	ie
성모가 없을 때	a	o	e	❶yi	wu	yu	ai	ao	an	ang	ou		ei	en	eng	er	ya	ye
b	ba	bo		bi	bu		bai	bao	ban	bang			bei	ben	beng			bie
p	pa	po		pi	pu		pai	pao	pan	pang	pou		pei	pen	peng			pie
m	ma	mo	me	mi	mu		mai	mao	man	mang	mou		mei	men	meng			mie
f	fa	fo			fu				fan	fang	fou		fei	fen	feng			
d	da		de	di	du		dai	dao	dan	dang	dou	dong	dei	den	deng			die
t	ta			te	ti	tu	tai	tao	tan	tang	tou	tong			teng			tie
n	na		ne	ni	nu	nü	nai	nao	nan	nang	nou	nong	nei	nen	neng			nie
l	la		le	li	lu	lü	lai	lao	lan	lang	lou	long	lei		leng		lia	lie
g	ga		ge		gu		gai	gao	gan	gang	gou	gong	gei	gen	geng			
k	ka		ke		ku		kai	kao	kan	kang	kou	kong	kei	ken	keng			
h	ha		he		hu		hai	hao	han	hang	hou	hong	hei	hen	heng			
j				ji		ju											jia	jie
q				qi		qu											qia	qie
x				xi		xu❸											xia	xie
z	za		ze	zi	zu		zai	zao	zan	zang	zou	zong	zei	zen	zeng			
c	ca		ce	ci	cu		cai	cao	can	cang	cou	cong		cen	ceng			
s	sa		se	si	su		sai	sao	san	sang	sou	song		sen	seng			
zh	zha		zhe	zhi	zhu		zhai	zhao	zhan	zhang	zhou	zhong	zhei	zhen	zheng			
ch	cha		che	chi	chu		chai	chao	chan	chang	chou	chong		chen	cheng			
sh	sha		she	shi	shu		shai	shao	shan	shang	shou		shei	shen	sheng			
r			re	ri❷	ru			rao	ran	rang	rou	rong		ren	reng			

※ 주의해야 할 발음

❶ 앞에 성모가 없이 단독으로 발음될 때 일부 운모는 표기법이 달라져요.

❷ 기본 운모 i는 일반적으로 [이]로 발음하지만, 성모 z, c, s, zh, ch, sh, r와 결합하면 [으]로 발음해요.

❸ 성모 j, q, x가 운모 ü(위)와 결합하면 ü 위의 두 점을 생략하여 표기하지만 발음은 그대로 유지돼요.

	HP-06						HP-07					HP-08			HP-09		
iao	iou (iu)	ian	iang	iong	in	ing	ua	uo	uai	uan	uang	uei (ui)	uen (un)	ueng	üan	üe	ün
yao	you	yan	yang	yong	yin	ying	wa	wo	wai	wan	wang	wei	wen	weng	yuan	yue	yun
biao		bian			bin	bing											
piao		pian			pin	ping											
miao	miu	mian			min	ming											
diao	diu	dian				ding		duo		duan		dui	dun				
tiao		tian				ting		tuo		tuan		tui	tun				
niao	niu	nian	niang		nin	ning		nuo		nuan						nüe	
liao	liu	lian	liang		lin	ling		luo		luan			lun			lüe	
							gua	guo	guai	guan	guang	gui	gun				
							kua	kuo	kuai	kuan	kuang	kui	kun				
							hua	huo	huai	huan	huang	hui	hun				
jiao	jiu	jian	jiang	jiong	jin	jing									juan	jue	jun
qiao	qiu	qian	qiang	qiong	qin	qing									quan	que	qun
xiao	xiu	xian	xiang	xiong	xin	xing									xuan	xue	xun
	❹	❺													❺		
								zuo		zuan		zui	zun				
								cuo		cuan		cui	cun				
								suo		suan		sui	sun				
							zhua	zhuo	zhuai	zhuan	zhuang	zhui	zhun				
							chua	chuo	chuai	chuan	chuang	chui	chun				
							shua	shuo	shuai	shuan	shuang	shui	shun				
							rua	ruo		ruan		rui	run				
												❻	❼				

※ 주의해야 할 발음

❹ 결합 운모 iou는 성모와 결합 시 o를 생략하고 –iu로만 표기하는데, 성조 부호는 뒤쪽 u에 표기해요.

❺ 운모 a는 보통 [아]로 발음하지만, 결합 운모 ian, üan의 a는 예외적으로 [에]로 발음해요.

❻ 결합 운모 uei는 성모와 결합 시 e를 생략하고 –ui로만 표기하는데, 성조 부호는 뒤쪽 i에 표기해요.

❼ 결합 운모 uen은 성모와 결합 시 e를 생략하고 –un으로만 표기해요.

Nǐ néng xíng!

당신은 잘 할 수 있어요!

일단해

나 혼자 20일 기초완성

중국어 왕초보

레벨업 워크북

동양북스

차곡차곡 간체자 쓰기

☆ 간체자 쓰기 기본 규칙

☆ 숫자로 익히는 간체자 쓰기 규칙

☆ 3~10과 단어 및 문장 쓰기 연습

간체자 쓰기 연습법

본문에서 학습한 단어와 문장들을 한자(간체자)로 차곡차곡 써 보세요.

간체자 쓰기 기본 규칙

중국어 한자를 처음 연습할 때 '필순(쓰는 순서)'을 지켜서 쓰는 것을 추천해 드려요. 한자의 획순에는 일정한 규칙들이 있는데, 이 규칙에 따라 쓰면 글씨가 균형 있게 정리되어 쓰기도 쉽고 모양도 예뻐져요. 뿐만 아니라 올바른 필순으로 쓰는 습관은 한자를 정확히 외우고 오래 기억하는 데에도 큰 도움이 되어요.

1 위에서 아래로 써요.

三	三	三	三				
多	多	多	多	多	多	多	

2 왼쪽에서 오른쪽으로 써요.

川	川	川	川				
明	明	明	明	明	明	明	明

3 가로획과 세로획이 겹칠 때는 가로획을 먼저 써요.

十	十	十		
干	干	干	干	

4 왼쪽 삐침을 먼저 쓴 후 오른쪽 파임을 써요.

人	人	人	
八	八	八	

5 바깥 획을 먼저 쓰고 안쪽 획은 나중에 써요.

| 月 | 月 | 月 | 月 | 月 | | | |
| 日 | 日 | 日 | 日 | 日 | | | |

6 둘러 싼 모양의 글자는 테두리 > 속 > 밑막음 순서로 써요.

| 口 | 口 | 口 | 口 | | | | |
| 回 | 回 | 回 | 回 | 回 | 回 | | |

7 좌우 대칭의 글자는 가운데를 먼저 쓰고 좌우는 나중에 써요.

| 小 | 小 | 小 | 小 | | | | |
| 水 | 水 | 水 | 水 | 水 | | | |

8 오른쪽에 있거나 가운데 아래 있는 점은 마지막에 찍어요.

| 发 | 发 | 发 | 发 | 发 | 发 | | |
| 太 | 太 | 太 | 太 | 太 | | | |

9 글자 전체를 꿰뚫는 획은 나중에 써요.

| 中 | 中 | 中 | 中 | 中 | | | |
| 串 | 串 | 串 | 串 | 串 | 串 | 串 | 串 |

1 위에서 아래로 써요.

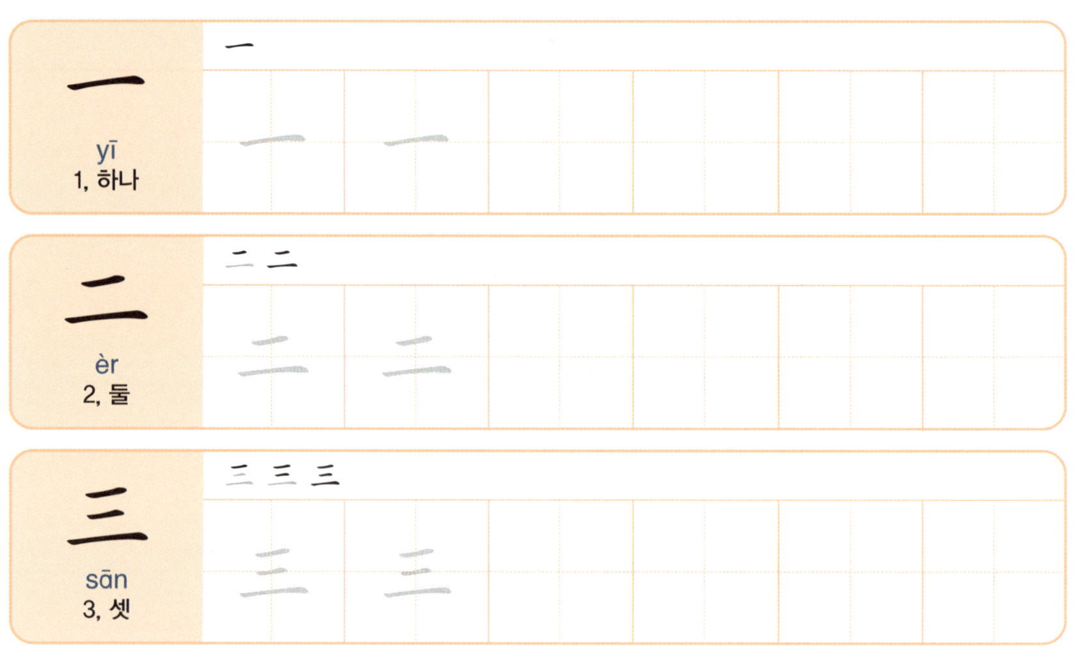

2 에워싼 구조의 한자는 테두리 > 속 > 밑막음 순서로 써요.

3 가로획과 세로획이 겹칠 때는 가로획을 먼저 써요.

4 왼쪽에 있거나 가운데 위에 있는 점은 가장 먼저 써요.

5 ㄴ(갈고리)는 ㄱ(파임)과 같이 주로 마지막에 써요.

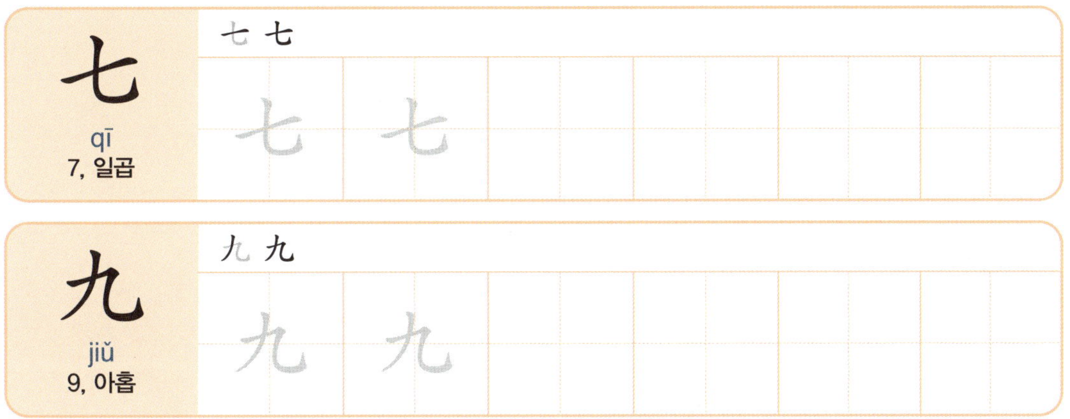

6 왼쪽 삐침을 먼저 쓴 후 오른쪽 파임을 써요.

차곡차곡 **단어 쓰기**

你
nǐ
너, 당신

你 你 你 你 你 你 你
你
nǐ

好
hǎo
좋다, 안녕하다

好 好 好 好 好 好
好
hǎo

早上
zǎoshang
아침

早 早 早 早 早 早 / 上 上 上
早 上
zǎoshang

再见
zàijiàn
또 만나, 잘 가

再 再 再 再 再 再 / 见 见 见 见
再 见
zàijiàn

明天
míngtiān
내일

明 明 明 明 明 明 明 明 / 天 天 天 天
明 天
míngtiān

见
jiàn
보다, 만나다

见 见 见 见
见
jiàn

간체자 쓰기 07

老师	耂 耂 耂 老 / 师 师 师 师 师 师
lǎoshī	老 师
선생님	lǎoshī

大家	大 大 大 / 家 家 家 家 家 家 家 家 家 家
dàjiā	大 家
여러분, 모두들	dàjiā

上午	上 上 上 / 午 午 午 午
shàngwǔ	上 午
오전	shàngwǔ

中午	中 中 中 中 / 午 午 午 午
zhōngwǔ	中 午
정오	shàngwǔ

下午	下 下 下 / 午 午 午 午
xiàwǔ	下 午
오후	xiàwù

晚上	晚 晚 晚 晚 晚 晚 晚 晚 晚 晚 晚 / 上 上 上
wǎnshang	晚 上
저녁	wǎnshang

안녕!

Nǐ hǎo! 안녕! (안녕하세요!)

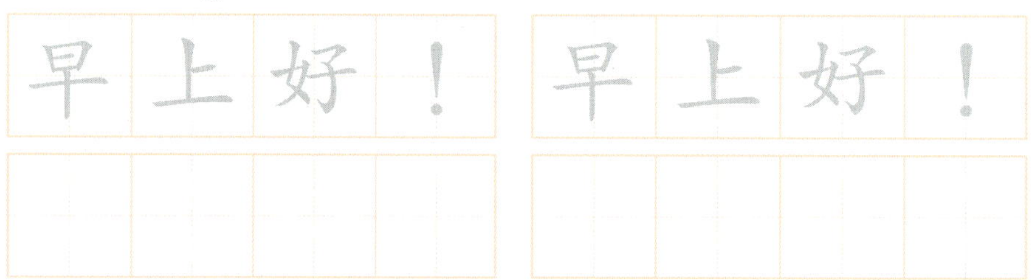

★한자로 표기할 때는 띄어쓰기를 하지 않아요.

Zǎoshang hǎo! 좋은 아침이야!

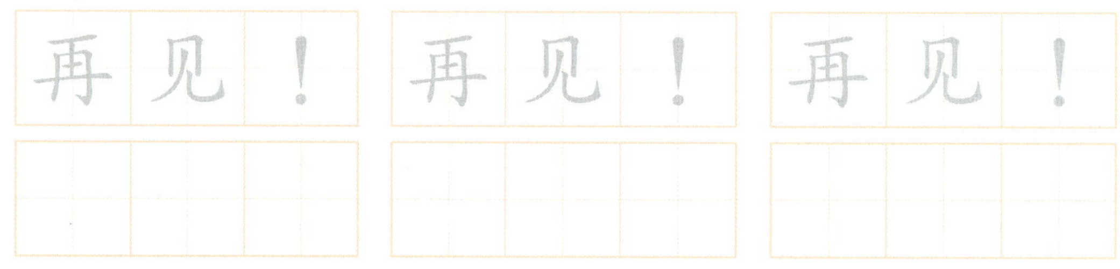

Zàijiàn! 또 만나!

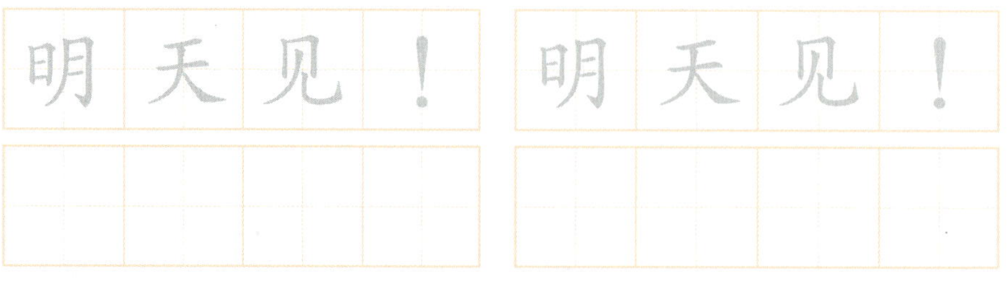

Míngtiān jiàn! 내일 만나!

明 天 见 ！　明 天 见 ！

차곡차곡 **단어 쓰기**

谢谢
谢谢谢谢谢谢谢谢谢谢谢
谢 谢
xièxie
고맙다
xièxie

不
不不不不
不
bù
~않다
bù

客气
客客客客客客客客客 / 气气气气
客 气
kèqi
예의를 차리다
kèqi

对不起
对 对 对 对 对
起 起 起 起 起 起 起 起 起 起
对 不 起
duìbuqǐ
미안하다
duìbuqǐ

没
没没没没没没没
没
méi
없다
méi

关系
关 关 关 关 关 关 / 系 系 系 系 系 系 系
关 系
guānxi
관계
guānxi

차곡차곡 단어 쓰기

您
nín
당신(존칭)

您您您您您您您您您您

吃
chī
먹다

吃吃吃吃吃吃

看
kàn
보다

看看看看看看看看看

时间
shíjiān
시간

时时时时时时时 / 间间间间间间间

意思
yìsi
뜻, 의미, 재미

意意意意意意意意意意意
思思思思思思思思思

没事
méishì
괜찮다, 별일 아니다

没没没没没没没 / 事事事事事事事事

04 고마워!

차곡차곡 **문장 쓰기**

Xièxie! 고마워!

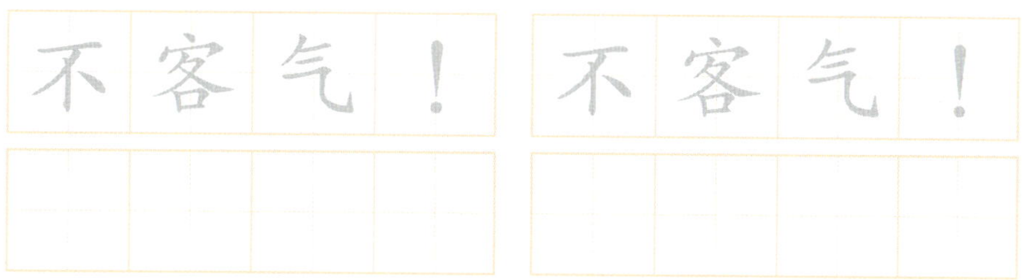

Bú kèqi! 천만에!

Duìbuqǐ! 미안해!

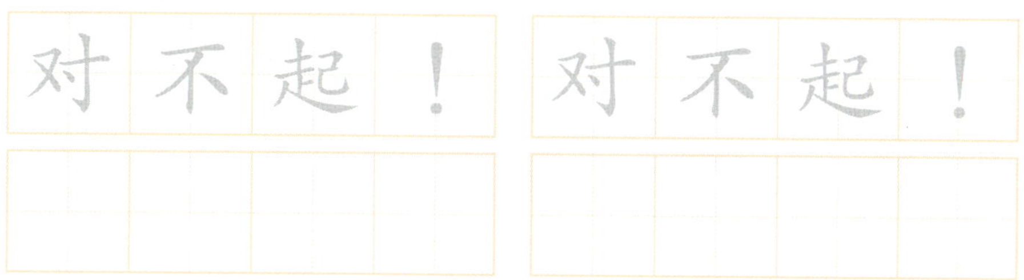

Méi guānxi! 괜찮아!

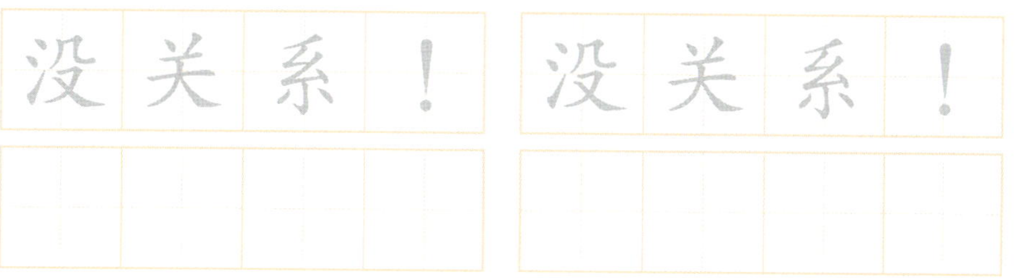

너는 이름이 뭐야?

차곡차곡 **단어 쓰기**

叫
jiào
~로 불리다

叫 叫 叫 叫 叫

什么
shénme
무엇, 무슨

什 什 什 什 / 么 么 么

名字
míngzi
이름

名 名 名 名 名 名 / 字 字 字 字 字 字

我
wǒ
나, 저

我 我 我 我 我 我 我

是
shì
~이다

是 是 是 是 是 是 是 是 是

哪
nǎ
어느, 어떤

哪 哪 哪 哪 哪 哪 哪 哪 哪

너는 이름이 뭐야?

차곡차곡 단어 쓰기

国
guó
나라

国 国 国 国 国 国 国 国

人
rén
사람

人 人

中国
Zhōngguó
중국
(중화인민공화국)

中 中 中 中
国 国 国 国 国 国 国 国

书
shū
책

书 书 书 书

姓
xìng
성이 ~이다

姓 姓 姓 姓 姓 姓 姓 姓

要
yào
원하다

要 要 要 要 要 要 要 要 要

차곡차곡 문장 쓰기

Nǐ jiào shénme míngzi? 너는 이름이 뭐야?

你 叫 什 么 名 字 ?

Wǒ jiào Lǐ Hǎi. 나는 리하이라고 해. (나는 리하이로 불려.)

我 叫 李 海 。

*한자 문장의 마침표는 고리점(。)을 사용하며, 칸의 왼쪽 아래에 표기해요.

Nǐ shì nǎ guó rén? 너는 어느 나라 사람이야?

你 是 哪 国 人 ?

Wǒ shì Zhōngguórén. 나는 중국 사람이야.

我 是 中 国 人 。

06 만나서 반가워.

차곡차곡 단어 쓰기

这 这 这 这 这 这 这

这
zhè
이(것), 이 사람
这
zhè

谁 谁 谁 谁 谁 谁 谁 谁 谁 谁

谁
shéi
누구
谁
shéi

的 的 的 的 的 的 的 的

的
de
~의
的
de

朋 朋 朋 朋 朋 朋 朋 朋 / 友 友 友 友

朋友
péngyou
친구
朋 友
péngyou

认 认 认 认 / 识 识 识 识 识 识 识

认识
rènshi
알다
认 识
rènshi

很 很 很 很 很 很 很 很 很

很
hěn
아주, 매우
很
hěn

06 만나서 반가워.

차곡차곡 단어 쓰기

高兴 gāoxìng 기쁘다
高高高高高高高高高高 / 兴兴兴兴兴兴
高兴
gāoxìng

也 yě ~도, ~역시
也也也
也
yě

那 nà 저(그), 저(그) 사람
那那那那那那
那
nà

手机 shǒujī 휴대전화
手手手手 / 机机机机机机
手机
shǒujī

漂亮 piàoliang 예쁘다
漂漂漂漂漂漂漂漂漂漂漂漂漂漂
亮亮亮亮亮亮亮亮亮
漂亮
piàoliang

忙 máng 바쁘다
忙忙忙忙忙忙
忙
máng

차곡차곡 문장 쓰기

Zhè shì shéi? 이 사람은 누구야?

这 是 谁 ？ 　 这 是 谁 ？

Shì wǒ de péngyou, Tíngting. 나의 친구 팅팅이야.

是 我 的 朋 友 ， 婷 婷 。

*한자 문장의 쉼표는 칸의 왼쪽 아래에 표기해요.

Rènshi nǐ hěn gāoxìng. 만나서 반가워. (너를 알게 되어서 기뻐.)

认 识 你 很 高 兴 。

Wǒ yě hěn gāoxìng. 나도 반가워. (나도 기뻐.)

我 也 很 高 兴 。

차곡차곡 단어 쓰기

有
yǒu
있다

有 有 有 有 有 有
有
yǒu

哥哥
gēge
형, 오빠

哥 哥 哥 哥 哥 哥 哥 哥 哥
哥 哥
gēge

吗
ma
~입니까?

吗 吗 吗 吗 吗 吗
吗
ma

没有
méiyǒu
없다

没 没 没 没 没 没 没 / 有 有 有 有 有 有
没 有
méiyǒu

个
gè(ge)
명

个 个 个
个
gè(ge)

弟弟
dìdi
남동생

弟 弟 弟 弟 弟 弟 弟
弟 弟
dìdi

6 너는 형이 있어?

차곡차곡 단어 쓰기

他 他 他 他 他

他
tā
그
他
tā

多 多 多 多 多 多

多
duō
많다, 얼마나
多
duō

大 大 大

大
dà
크다
大
dà

今 今 今 今 / 年 年 年 年 年 年

今年
jīnnián
올해
今 年
jīnnián

十 十 / 九 九

十九
shíjiǔ
19, 열아홉
十 九
shíjiǔ

岁 岁 岁 岁 岁 岁

岁
suì
살, 세
岁
suì

너는 형이 있어?

Nǐ yǒu gēge ma? 너는 형이 있어?

你 有 哥 哥 吗 ？

Méiyǒu, wǒ yǒu yí gè dìdi. 없어, 나는 남동생이 한 명 있어.

没 有 ， 我 有 一 个 弟 弟 。

Tā duō dà? 그는 몇 살이야?

他 多 大 ？　他 多 大 ？

Jīnnián shíjiǔ suì. 올해 19살이야.

今 年 十 九 岁 。

차곡차곡 단어 쓰기

今天
jīntiān
오늘

今 今 今 今 / 天 天 天 天
今 天
jīntiān

星期
xīngqī
요일, 주

星 星 星 星 星 星 星 星 星
期 期 期 期 期 期 期 期 期 期 期
星 期
xīngqī

几
jǐ
몇

几 几
几
jǐ

星期三
xīngqīsān
수요일

三 三 三
星 期 三
xīngqīsān

明天
míngtiān
내일

明 明 明 明 明 明 明 明 / 天 天 天 天
明 天
míngtiān

月
yuè
달, 월

月 月 月 月
月
yuè

08 오늘은 수요일이야.

차곡차곡 단어 쓰기

号 hào 일(日)	号 号 号 号 号 号 hào

五 wǔ 5, 다섯	五 五 五 五 也 wǔ

八 bā 8, 여덟	八 八 八 bā

西安 Xī'ān 시안(중국의 도시)	西 西 西 西 西 西 / 安 安 安 安 安 安 西 安 Xī'ān

非常 fēicháng 아주, 매우	非 非 非 非 非 非 非 非 常 常 常 常 常 常 常 常 常 常 常 非 常 fēicháng

冷 lěng 춥다	冷 冷 冷 冷 冷 冷 冷 冷 lěng

08 오늘은 수요일이야.

Jīntiān xīngqī jǐ? 오늘은 무슨 요일이야?

Jīntiān xīngqīsān. 오늘은 수요일이야.

Míngtiān jǐ yuè jǐ hào? 내일은 몇 월 며칠이야?

明　天　几　月　几　号　？

Míngtiān wǔ yuè bā hào. 내일은 5월 8일이야.

明　天　五　月　八　号　。

너 밥 먹었어?

吃 chī 먹다	吃 吃 吃 吃 吃 吃 吃 chī
了 le 동작의 완료 표현	了 了 了 le
还 hái 아직, 여전히	还 还 还 还 还 还 还 还 hái
没 méi ~하지 않았다	没 没 没 没 没 没 没 没 méi
饿 è 배고프다	饿 饿 饿 饿 饿 饿 饿 饿 饿 饿 饿 è
死了 sǐ le ~해 죽겠다	死 死 死 死 死 死 / 了 了 死 了 sǐ le

09 너 밥 먹었어?

叫
jiào
부르다, 시키다

叫 叫 叫 叫 叫

外卖
wàimài
배달 음식

外 外 外 外 外 / 卖 卖 卖 卖 卖 卖 卖 卖

吧
ba
~하자 (제안)

吧 吧 吧 吧 吧 吧 吧

啊
a
감탄 표현

啊 啊 啊 啊 啊 啊 啊 啊 啊 啊

想
xiǎng
~하고 싶다

想 想 想 想 想 想 想 想 想 想 想 想

炒饭
chǎofàn
볶음밥

炒 炒 炒 炒 炒 炒 炒 炒 / 饭 饭 饭 饭 饭 饭 饭

너 밥 먹었어?

Nǐ chī fàn le ma? 너 밥 먹었어?

你 吃 饭 了 吗 ？

Wǒ hái méi chī, è sǐ le. 나 아직 안 먹었어, 배고파 죽겠어.

我 还 没 吃 ， 饿 死 了 。

Wǒmen jiào wàimài ba. 우리 배달 음식 시키자.

我 们 叫 外 卖 吧 。

Hǎo a! Wǒ xiǎng chī chǎofàn. 좋아! 나는 볶음밥 먹고 싶어.

好 啊 ！ 我 想 吃 炒 饭 。

10 너 중국어 말할 줄 알아?

차곡차곡 단어 쓰기

会
huì
할 줄 알다

会 会 会 会 会 会

说
shuō
말하다

说 说 说 说 说 说 说 说 说

汉语
Hànyǔ
중국어

汉 汉 汉 汉 汉 / 语 语 语 语 语 语 语 语

一点儿
yìdiǎnr
조금, 약간

点 点 点 点 点 点 点 点 点 / 儿 儿

学
xué
배우다

学 学 学 学 学 学 学 学

难
nán
어렵다

难 难 难 难 难 难 难 难 难 难

차곡차곡 단어 쓰기

有点儿
yǒudiǎnr
조금, 약간

有 有 有 有 有 有
有 点 儿
yǒudiǎnr

可是
kěshì
그러나, 하지만

可 可 可 可 可 / 是 是 是 是 是 是 是 是 是
可 是
kěshì

有意思
yǒu yìsi
재미있다

意 意 意 意 意 意 意 意 意 意 意 意
思 思 思 思 思 思 思 思 思
有 意 思
yǒu yìsi

开车
kāichē
(차를) 운전하다

开 开 开 开 / 车 车 车 车
开 车
kāichē

游泳
yóuyǒng
수영하다

游 游 游 游 游 游 游 游 游 游 游 游
泳 泳 泳 泳 泳 泳 泳 泳
游 泳
yóuyǒng

做
zuò
하다, 만들다

做 做 做 做 做 做 做 做 做 做 做
做
zuò

 **10** 너 중국어 말할 줄 알아?

차곡차곡 **문장 쓰기**

Nǐ huì shuō Hànyǔ ma? 너 중국어 말할 줄 알아?

你 会 说 汉 语 吗 ？

Wǒ huì shuō yìdiǎnr. 나는 조금 말할 줄 알아.

我 会 说 一 点 儿 。

Xué Hànyǔ nán bu nán? 중국어를 배우는 건 어려워 안 어려워?

学 汉 语 难 不 难 ？

Yǒudiǎnr nán, kěshì hěn yǒu yìsi. 조금 어려워, 하지만 재미있어.

有 点 儿 难 ，

可 是 很 有 意 思 。

차곡차곡 간체자 쓰기

듣고 쓰며 익히는
HSK 1급 단어
150

HSK 1급 상용단어 150개 중 본문 학습 단어를 제외한 모든 단어를 수록했어요.

- 상단의 QR코드를 스캔하여 단어의 정확한 발음을 듣고 연습해요.
- 먼저 한자를 쓴 후 하단에 한어병음 또는 뜻을 함께 쓰면서 단어를 암기해요.

▫ 품사 표기

명사(名词)	명	부사(副词)	부	접속사(连词)	접
대명사(代词)	대	수사(数词)	수	조동사(助动词)	조동
동사(动词)	동	양사(量词)	양	조사(助词)	조
형용사(形容词)	형	전치사(介词)	전	감탄사(叹词)	감

A

爱 ài 동 사랑하다	爱 ài						

B

八 bā 수 8, 여덟	八 bā						
爸爸 bàba 명 아빠	爸 爸 bàba			
杯子 bēizi 명 잔(컵)	杯 子 bēizi			
北京 Běijīng 명 베이징	北 京 Běijīng			
本 běn 양 (책의) 권	本 běn						
不客气 bú kèqi 천만에요	不 客 气 bú kèqi		

菜 cài 명 채소, 요리	菜 / cài
茶 chá 명 차(음료)	茶 / chá
出租车 chūzūchē 명 택시	出 租 车 / chūzūchē

打电话 dǎ diànhuà 전화하다	打 电 话 / dǎ diànhuà
点 diǎn 명 (시각의) 시	点 / diǎn
电脑 diànnǎo 명 컴퓨터	电 脑 / diànnǎo
电视 diànshì 명 텔레비전	电 视 / diànshì

电影
电 影
diànyǐng
명 영화

东西
东 西
dōngxi
명 물건

都
都
dōu
동 모두

读
读
dú
동 읽다

多少
多 少
duōshao
대 얼마, 몇

E
MP3 HSK1-E

儿子
儿 子
érzi
명 아들

二
二
èr
수 2, 둘

饭店
fàndiàn
명 식당, 호텔

饭店
fàndiàn

飞机
fēijī
명 비행기

飞机
fēijī

分钟
fēnzhōng
명 (시간의) 분

分钟
fēnzhōng

工作
gōngzuò
명 동 일(하다)

工作
gōngzuò

狗
gǒu
명 개

狗
gǒu

喝
hē
동 마시다

喝
hē

和
hé
접 전 ~와(과)

和
hé

后面	后 面
hòumiàn 명 뒤, 뒤쪽	hòumiàn

回	回
huí 동 되돌리다	huí

J

家	家
jiā 명 집, 가정	jiā

九	九
jiǔ 수 9, 아홉	jiǔ

K

开	开
kāi 동 열다, 시작하다	kāi

看见	看 见
kànjiàn 동 보다, 보이다	kànjiàn

块	块
kuài 양 덩어리, 조각	kuài

来
lái
동 오다

里
lǐ
명 안, 안쪽

六
liù
수 6, 여섯

妈妈
māma
명 엄마

买
mǎi
동 구매하다

猫
māo
명 고양이

米饭
mǐfàn
명 쌀밥

哪儿 nǎr 대 어디, 어느 곳	哪　儿 nǎr
呢 ne 조 ~은/는?	呢 ne
能 néng 조동 ~할 수 있다	能 néng
年 nián 명 양 년, 해	年 nián
女儿 nǚ'ér 명 딸	女　儿 nǚ'ér

| 苹果
píngguǒ
명 사과 | 苹　果
píngguǒ |

Q

七
qī
수 7, 일곱

前面
qiánmiàn
명 앞, 앞쪽

钱
qián
명 돈

请
qǐng
동 부탁하다

去
qù
동 가다

R

热
rè
형 덥다

日
rì
명 날, 일, 하루

三	三							
sān 수 3, 셋	sān							

商店	商 店							
shāngdiàn 명 상점, 가게	shāngdiàn							

上	上							
shàng 명 위	shàng							

少	少							
shǎo 형 적다	shǎo							

十	十							
shí 수 10, 열	shí							

时候	时 候							
shíhou 명 때, 시기	shíhou							

水	水							
shuǐ 명 물	shuǐ							

水果	水 果							
shuǐguǒ 명 과일	shuǐguǒ							

| 睡觉
shuìjiào
동 잠을 자다 | 睡 | 觉 | | | | | |
| shuìjiào | | | | | | | |

| 四
sì
수 4, 넷 | 四 | | | | | | | |
| sì | | | | | | | |

MP3 HSK1-T

| 她
tā
대 그녀 | 她 | | | | | | | |
| tā | | | | | | | |

| 太
tài
부 너무, 지나치게 | 太 | | | | | | | |
| tài | | | | | | | |

| 天气
tiānqì
명 날씨 | 天 | 气 | | | | | | |
| tiānqì | | | | | | | |

| 听
tīng
동 듣다 | 听 | | | | | | | |
| tīng | | | | | | | |

| 同学
tóngxué
명 반 친구, 동창 | 同 | 学 | | | | | | |
| tóngxué | | | | | | | |

W

喂	喂					
wèi 감 어이, 여보세요	wèi					

我们	我	们				
wǒmen 대 우리(들)	wǒmen					

X

喜欢	喜	欢			
xǐhuan 동 좋아하다	xǐhuan				

下	下				
xià 명 아래	xià				

下雨	下	雨			
xià yǔ 동 비가 내리다	xià yǔ				

先生	先	生			
xiānsheng 명 성인 남성 호칭	xiānsheng				

现在	现	在			
xiànzài 명 지금, 현재	xiànzài				

小 xiǎo 형 작다, 어리다	小 xiǎo						
小姐 xiǎojiě 명 아가씨	小 姐 xiǎojiě				
些 xiē 양 조금, 약간	些 xiē						
写 xiě 동 쓰다	写 xiě						
学生 xuésheng 명 학생	学 生 xuésheng				
学习 xuéxí 동 공부하다	学 习 xuéxí				
学校 xuéxiào 명 학교	学 校 xuéxiào				

一 yī	一
수 1, 하나	yī

衣服 yīfu	衣 服
명 옷	yīfu

医生 yīshēng	医 生
명 의사	yīshēng

医院 yīyuàn	医 院
명 병원	yīyuàn

椅子 yǐzi	椅 子
명 의자	yǐzi

在 zài	在
동 전 (~에) 있다	zài

怎么 zěnme	怎 么
대 왜, 어째서	zěnme

怎么样 **zĕnmeyàng** 대 어떠하다	怎 么 样 zĕnmeyàng
住 **zhù** 동 거주하다	住 zhù
桌子 **zhuōzi** 명 탁자, 책상	桌 子 zhuōzi
字 **zì** 명 글자, 문자	字 zì
昨天 **zuótiān** 명 어제	昨 天 zuótiān
坐 **zuò** 동 앉다	坐 zuò

도전! 어학 자격증 취득
HSK 1급 맛보기

☆ **듣기 영역 제 1~4부분 유형 소개**

☆ **독해 영역 제 1~4부분 유형 소개**

☆ **실전모의고사 1회분**

□ HSK(한어수평고시)란?

HSK는 한어수평고시(汉语水平考试)의 한어병음인 'Hànyǔ Shuǐpíng Kǎoshì'의 머리글자를 따서 붙인 명칭으로, 중문수평고시(中文水平考试)라고도 불러요. 모국어가 중국어가 아닌 사람의 중국어 능력을 평가하기 위해 만들어진 중국 정부 공인 중국어 능력 시험이에요. 급수에 따라 듣기·독해·쓰기·말하기 영역들을 평가하며 개별 시험(1~6급)과 단일 시험(7~9급)으로 나뉘어요.

□ HSK 1급

- **어휘 수** : 150개
- **수준** : 간단한 중국어 단어와 문장을 이해하고 사용할 수 있으며, 기초적인 일상 회화를 진행할수 있어요.
- **대상** : 매주 2~3시간씩 1학기(40~60시간) 정도의 중국어를 학습하고, 150개의 상용 어휘와 관련 어법을 익힌 학습자가 응시 대상이에요. HSK 1급 수준은 간단한 중국어 단어와 문장을 이해하고 사용할 수 있으며, 기초적인 일상 회화를 진행할 수 있어요.
- **성적**

영역	만점	합격 점수
듣기	100	
독해	100	합계 120점 이상
총점	200	

  * HSK 시험 성적은 시험일로부터 2년간 유효해요.

- **신청** : 현재 한국에서는 HSK한국사무국을 비롯해 다양한 기관에서 HSK를 접수할 수 있으며, 시험은 한 달에 한 번 시행되고 있어요. 더 자세한 내용은 HSK한국사무국 홈페이지(https://new.hsk.or.kr/)에서 확인할 수 있어요.

유형 설명

- **문항 수** : 5문항 (1–5번)
- **출제 형식** : 단어를 듣고 제시된 사진과 일치 여부 판단하기
- **예시 문제**

문제 번호	보기 사진	정답 표시 칸
lìrú 例如: 예		✓
		✗

* 중국에서는 OX에서 O를 ✓로 표시해요.

| 녹음 |　　lǎoshī　　　　duìbuqǐ
老师　/　对不起

| 해석 |　선생님　/　미안해

| 풀이 |　첫 번째 사진은 칠판 앞에서 교육을 하고 있으므로 선생님이라는 것을 알 수 있어요. 따라서 사진과 녹음 내용이 일치해요(✓). 두 번째 사진은 아이가 화난 얼굴을 하고 있으므로 사진과 녹음 내용일 일치하지 않아요(✗).

문제 풀이 TIP
- 녹음을 듣기 전에 먼저 제시된 사진을 살펴보고, 녹음 내용을 예상해 보세요.
- 녹음은 모두 두 번씩 들려 줘요. 두 번째 녹음까지 잘 들은 후 최종적으로 정답을 체크하세요.

유형 설명

- **문항 수** : 5문항 (6–10번)
- **출제 형식** : 짧은 문장을 듣고 제시된 3개의 사진 중 녹음에 해당하는 사진 고르기
- **예시 문제**

문제 번호	보기 사진		
lìrú 例如： 예	A	B	C ✓

	Tā　shì　xuésheng. 她　是　学生。
│녹음│	她　是　学生。
│해석│	그녀는 학생이에요.
│풀이│	사진 중에 C가 가방을 메고 책을 들고 있는 학생의 모습이므로 정답은 C예요.

문제 풀이 TIP

- 녹음을 듣기 전에 먼저 제시된 사진을 살펴보고, 녹음 내용을 예상해 보세요.
- 녹음을 들을 때 대상의 특징(성별, 직업, 동작), 장소, 시간 등의 핵심 정보를 파악하여 녹음 내용과 가장 어울리는 사진을 고르세요.
- 녹음은 모두 두 번씩 들려 줘요. 두 번째 녹음까지 잘 들은 후 최종적으로 정답을 체크하세요.

03 듣기 제3부분

유형 설명

- **문항 수** : 5문항 (10–15번)
- **출제 형식** : 남녀의 짧은 대화를 듣고 내용에 해당하는 사진 고르기
- **예시 문제**

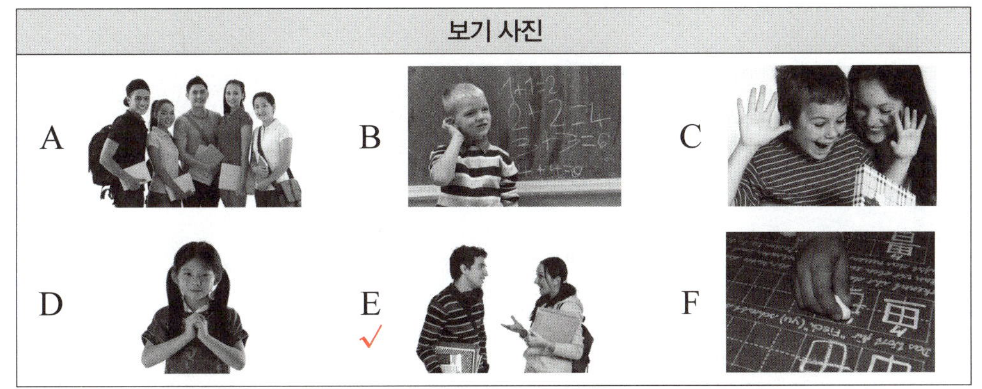

|녹음|

Nǐ hǎo! Nǐ shì lǎoshī ma?
女 : 你 好 ! 你 是 老师 吗?

Duìbuqǐ, Wǒ bú shì lǎoshī.
男 : 对 不 起 , 我 不 是 老师 。

|해석|

여 : 안녕하세요! 당신은 선생님이세요?

남 : 미안해요, 저는 선생님이 아니에요.

|풀이|

제시된 사진들 중 남녀가 대화하는 사진은 C와 E예요. 그중에서 가방을 메고 있는 여학생
이 남자에게 질문하는 상황이 녹음 내용에 가장 적합하므로 정답은 E예요.

문제 풀이 TIP

- 남녀가 한 문장씩 주고 받는 대화는 두 번 반복해서 들려줘요.
- 대화를 들을 때 특히 내용에 포함된 숫자나 장소, 인물 등을 잘 기억하세요. 듣기 중 시험지에
  핵심 내용을 간단히 필기해 두는 것도 좋은 방법이에요.

유형 설명

- **문항 수** : 5문항 (16–20번)
- **출제 형식** : 하나의 문장과 그에 관한 질문을 듣고 알맞은 정답 고르기
- **예시 문제**

보기		
tóngxué A　同学	Zhōngguó lǎoshī B　中国　老师 ✓	bàba C　爸爸

녹음	lìrú　　Tā yǒu Zhōngguó lǎoshī. 例如 : 他　有　中国　　老师。 Tā yǒu shénme? 他　有　什么?

해석	그는 중국 선생님이 있어요 그는 무엇이 있나요? A 학교 친구　　　　B 중국 선생님　　　　C 아빠

풀이	들려주는 문장 '그는 중국 선생님이 있어요.'에 대해 '그는 무엇이 있나요?'라고 질문했으므로 정답은 B예요.

문제 풀이 TIP

- 보기 A, B, C를 먼저 빠르게 확인한 후 들려주는 문장 속 핵심 단어를 파악하세요.
- 듣기 영역 시험은 답을 답안지에 옮겨 표기하는 시간이 3분 더 주어져요. 하지만 답안 마킹에 시간이 많이 걸린다면, 문제를 풀면서 답안지에 바로 체크하는 것도 좋은 방법이에요.

독해 제1부분

유형 설명

- **문항 수** : 5문항 (21~25번)
- **출제 형식** : 제시된 사진과 단어의 일치 여부 판단하기
- **예시 문제**

보기 사진	제시 단어	정답 표시 칸
	tāmen 它们	✕
	lǎoshī 老师	✓

* 중국에서는 OX에서 O를 ✓로 표시해요.

| **해석** | 그것들 (它们 tāmen) / 선생님 (老师 lǎoshī)

| **풀이** | 첫 번째 사진은 강아지가 한 마리이므로 복수를 나타내는 그것들(它们 tāmen)과 일치하지 않아요(✕). 두 번째 사진은 책을 들고 지휘봉으로 수업을 하는 모습이므로 선생님(老师 lǎoshī)과 일치해요(✓).

문제 풀이 TIP
- 단어 끝에 们(men)이 들어가면 복수를 나타내요.
- 남자를 나타내는 他(tā)와 여자를 나타내는 她(tā)를 정확히 구분해야 해요.
- 사진 속 대상의 연령, 숫자, 표정, 동작 등을 잘 살펴 보세요.

유형 설명

- **문항 수** : 5문항 (26–30번)
- **출제 형식** : 제시문의 내용에 해당하는 사진을 보기에서 고르기
- **예시 문제**

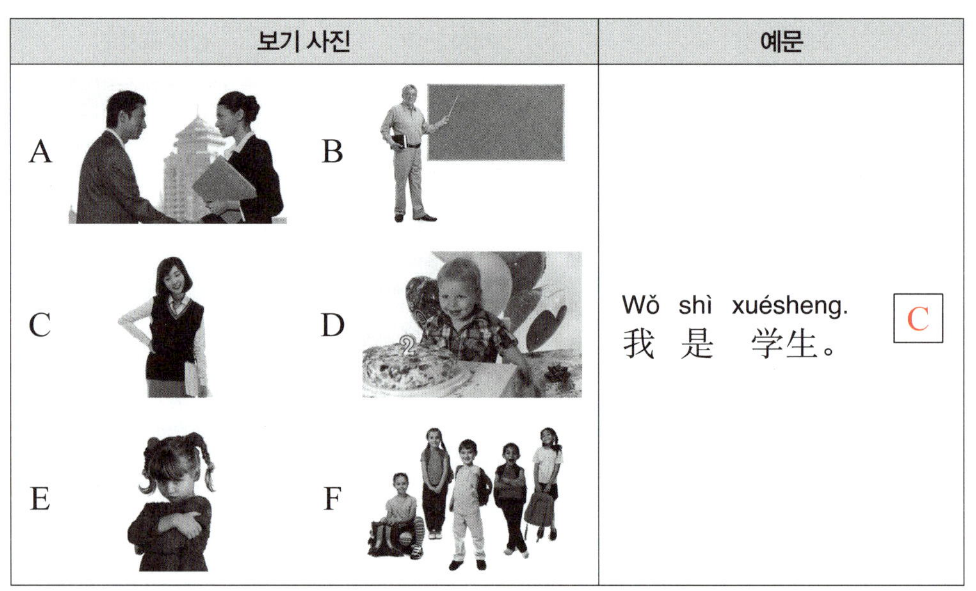

보기 사진	예문
A / B / C / D / E / F	Wǒ shì xuésheng. 我 是 学生。 □ C

| **해석** | 저는 학생이에요.

| **풀이** | 보기의 6장 사진 중 '저는 학생이에요.'에 해당하는 사지는 찾아 보세요. 학생에 해당하는 사진은 C와 F 두 장이 있는데, 제시문에서 '저는'이라고 했으므로 여학생 혼자 있는 C가 정답이에요.

문제 풀이 TIP

- 6장의 사진 중 한 가지는 예문에 해당하는 사진으로, 나머지 5장의 사진 중에 정답을 찾아요.
- 정답이 중복되는 경우는 없어요. 예문을 포함하여 A~F까지 문장과 일치하는 사진은 한 장씩이에요.

독해 제3부분

유형 설명

- **문항 수** : 5문항 (31–35번)
- **출제 형식** : 보기 중에서 질문에 적합한 답변 고르기
- **예시 문제**

<table>
<tr><td colspan="2" align="center">보기</td></tr>
<tr>
<td>A Tā bú shì.
他 不 是。</td>
<td>B Wǒ bàba māma.
我 爸爸 妈妈。</td>
</tr>
<tr>
<td>C Bú kèqi, zàijiàn.
不 客气，再见。</td>
<td>D Shíyī suì.
11 岁。</td>
</tr>
<tr>
<td>E Xīngqīsān.
星期三。</td>
<td>F Sānshíwǔ gè.
35 个。</td>
</tr>
</table>

lìrú　　Nǐ jīnnián duō dà?
例如：你 今年 多 大?　　　　　D　Shíyī suì.　11 岁。

해석	A 그는 아니에요.	B 저의 아빠, 엄마예요.
	C 천만에요, 잘 가요.	D 11살이에요.
	E 수요일이에요.	F 35개예요.

당신은 올해 몇 살이에요?

| 풀이 | 질문에서 나이를 묻고 있으므로, 가장 어울리는 답변은 D예요. |

문제 풀이 TIP

- 예문을 포함하여 A~F까지는 한 문제에 한 개의 정답이므로, 이미 찾은 정답은 제외하세요.
- 질문을 읽을 때 숫자 장소, 인물, 상황 등을 잘 살펴보며 연관된 답을 찾아 보세요.

유형 설명

- **문항 수** : 5문항 (36-40번)
- **출제 형식** : 보기 중에서 문제 속 괄호에 적합한 단어 고르기
- **예시 문제**

<table>
<tr><td colspan="6" align="center">보기</td></tr>
<tr>
<td>míngzi
A 名字</td>
<td>rènshi
B 认识</td>
<td>Hànyǔ
C 汉语</td>
<td>gāoxìng
D 高兴</td>
<td>yuè
E 月</td>
<td>yě
F 也</td>
</tr>
</table>

> lìrú　Rènshi nǐ hěn　gāoxìng.
> 例如：认识 你 很 （ D 高兴 ）。

| 해석 | A 이름　　B 알다, 이해하다　　C 중국어　　D 기쁘다　　E 달, 월　　F ~도, 역시

당신을 알게 되어 (기뻐요).

| 풀이 | 문제는 '당신을 알게되어 (　　)해요'라는 의미로, 괄호 속에는 감정을 나타내는 형용사가 와야 해요. 보기 중에서 감정을 나타내는 단어는 기쁘다(高兴 gāoxìng)가 유일하므로 정답은 D예요.

문제 풀이 TIP

- 문장이나 대화를 보며 가장 어울리는 단어를 정답으로 골라야 해요.
- 독해 제 4부분에서는 문장식 질문 3문제, 대화식 질문 2문제가 출제되어요.

新汉语水平考试

HSK(一级)

全真模拟题

注　意

一、HSK (一级)分两部分：

    1. 听力 (20 题，约 15 分钟)

    2. 阅读 (20 题，17 分钟)

二、听力结束后，有 3 分钟填写答题卡。

三、全部考试约 40 分钟(含考生填写个人信息时间 5 分钟)。

一、听力

第 一 部 分

第 1 - 5 题目　　　　　　　　　　　　　　　　　　　MP3 HSK1-06

例如:		✓
		✗
1.		
2.		
3.		
4.	 2 0 2 6	
5.		

第 一 部 分

第 二 部 分

第 6 - 10 题目

例如：	A	B	C ✓
6.	A	B	C
7.	A	B	C
8.	A	B	C
9.	A	B	C
10.	A	B	C

第 二 部 分

第 三 部 分

第 11 - 15 题目   MP3 HSK1-08

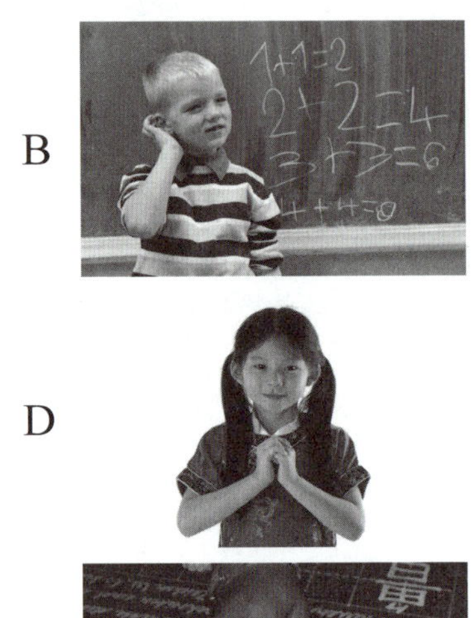

A

B

C

D

E

F

lìrú   Nǐ hǎo! Nǐ shì lǎoshī ma?

例如：女：你 好！你 是 老师 吗？

    Duìbuqǐ, Wǒ bú shì lǎoshī.

男：对不起，我 不 是 老师。

E

11.

12.

13.

14.

15.

第 16 - 20 题目　　　　　　　　　　　

> lìrú　　Tā yǒu Zhōngguó lǎoshī.
> 例如：他 有　中国　老师。
>
> 　　　Tā yǒu shénme?
> 　　　他 有　什么?
>
> | | tóngxué | | Zhōngguó lǎoshī | | bàba |
> |---|---|---|---|---|---|
> | A | 同学 | B | 中国 老师 ✓ | C | 爸爸 |

	māma		péngyou		bàba
16. A	妈妈	B	朋友	C	爸爸

	shuō Hànyǔ		xiě zì		tīng Hànyǔ
17. A	说 汉语	B	写字	C	听 汉语

	xīngqīwǔ		xīngqīliù		xīngqītiān
18. A	星期五	B	星期六	C	星期天

	xuésheng		lǎoshī		péngyou
19. A	学生	B	老师	C	朋友

	wǔ suì		shí suì		shíwǔ suì
20. A	5 岁	B	10 岁	C	15 岁

一、阅读

第 一 部 分

第 21 - 25 题目

例如：		tāmen 它们	✔
		lǎoshī 老师	✘
21.		gāoxìng 高兴	
22.		tóngxué 同学	
23.		tāmen 她们	
24.		míngzi 名字	
25.		xuésheng 学生	

第 二 部 分

第 26 – 30 题目

A

B

C

D

E

F

例如：
Wǒ shì xuésheng.
我 是 学生。 [C]

26.
Nǐ hǎo! rènshi nǐ hěn gāoxìng.
你 好！认识 你 很 高兴。

27.
Tāmen shì xuésheng.
他们 是 学生。

28.
Tā shì lǎoshī.
他 是 老师。

29.
Tā bù gāoxìng.
她 不 高兴。

30.
Tā jīnnián liǎng suì.
他 今年 两 岁。

第 三 部 分

第 31 - 35 题目

> Nǐ jīnnián duō dà?
> 例如：你 今年 多 大？　　[D]　　Tā bú shì.
> A 他 不 是。

Tā shì lǎoshī ma?
31. 他 是 老师 吗？　　□　　Wǒ bàba māma.
B 我 爸爸 妈妈。

Duìbuqǐ, tāmen shì shéi?
32. 对不起，他们 是 谁？　　□　　Bú kèqi, zàijiàn.
C 不 客气，再见。

Mā, jīntiān shì xīngqī jǐ?
33. 妈，今天 是 星期 几？　　□　　Shíyī suì.
D 11 岁

Nǐmen xuéxiào yǒu duōshao lǎoshī?
34. 你门 学校 有 多少 老师？　　□　　Xīngqīsān.
E 星期三

Xièxie nǐ.
35. 谢谢 你。　　□　　Sānshíwǔ gè.
F 35 个。

第 四 部 分

第 36 - 40 题目

    míngzi   rènshi   Hànyǔ   gāoxìng   yuè   yě

A 名字   B 认识   C 汉语   D 高兴   E 月   F 也

Rènshi nǐ hěn

例如：认识 你 很 （ D ）。

Nǐ jiào shénme ?

36. 你 叫 什么 （　　）？

Míngtiān shì wǔ bā rì?

37. 明天 是 5 （　　） 8 日？

Nǐ huì shuō ma?

38. 你 会 说 （　　） 吗？

Nǐ tā ma? Tā shì shéi?

39. 男：你 （　　） 她 吗？她 是 谁？

Tā shì wǒ de xuésheng.

女：她 是 我 的 学生。

Wǒ jīnnián sānshí suì. nǐ ne?

40. 女：我 今年 30 岁。你 呢？

Wǒ sānshí suì.

男：我 （　　） 30 岁。

실전 모의고사 정답

듣기 (听力 tīnglì)

제1부분

1. ✓　　2. ✕　　3. ✓　　4. ✕　　5. ✓

제2부분

6. B　　7. C　　8. A　　9. B　　10. A

제3부분

11. B　　12. A　　13. C　　14. F　　15. D

제4부분

16. C　　17. A　　18. C　　19. A　　20. C

독해 (阅读 yuèdú)

제1부분

21. ✕　　22. ✓　　23. ✕　　24. ✕　　25. ✓

제2부분

26. A　　27. F　　28. B　　29. E　　30. D

제3부분

31. A　　32. B　　33. E　　34. F　　35. C

제4부분

36. A　　37. E　　38. C　　39. B　　40. F